高职高专英语专业系列教材

总主编：常红梅

新世纪英语写作教程

主　编：常红梅

副主编：李兰欣　于　威　王月会

编　委：（以姓氏笔画为序）

于　威　王月会　刘素琴

张　竞　李兰欣　常红梅

图书在版编目(CIP)数据

新世纪英语写作教程/常红梅主编. —北京：北京大学出版社，2009.12
ISBN 978-7-301-09325-2

(高职高专英语专业系列教材)

Ⅰ. 新… Ⅱ. 常… Ⅲ. 英语—写作—高等学校：技术学校—教材 Ⅳ. H315

中国版本图书馆CIP数据核字(2009)第107512号

书　　名：新世纪英语写作教程
著作责任者：常红梅　主编
责 任 编 辑：黄瑞明
标 准 书 号：ISBN 978-7-301-09325-2/H·2278
出 版 发 行：北京大学出版社
地　　址：北京市海淀区成府路205号　100871
网　　址：http://www.pup.cn
电　　话：邮购部 62752015　发行部 62750672　编辑部 62759634　出版部 62754962
电 子 邮 箱：zbing@pup.pku.edu.cn
印 刷 者：天津和萱印刷有限公司
经 销 者：新华书店
787毫米×1092毫米　16开本　17.5印张　420千字
2009年12月第1版　2022年8月第7次印刷
定　　价：68.00元

前言

《新世纪英语写作教程》根据《高职高专英语课程基本要求》中对英语写作能力的要求进行编写，以英语教学改革为前提，以高职高专人才培养特点为依据，以培养学生实际运用语言能力为目标，在整合北京市级精品课程“实用英语写作”课程资源的基础上，突出教学内容的实用性和针对性，将语言基础能力与职业能力的培养有机地结合起来。

本教材分为三个部分：

Part I：高职常用考试作文介绍→ 高职特色(课证一体化)

Part II：写作基础知识→ 针对高职生源英语基础薄弱的特点

Part III：英语应用文写作→ 针对《基本要求》和岗位需求

取得相关的职业技能证书，为今后岗位需求打下坚实的基础，符合高等职业教育的培养目标。因此本教材以《高职常用考试作文介绍》作为开始，其中包括以培养英语语言能力为目标的高等学校英语应用能力考试(A 级、B 级)作文和以培养职业技能为目标的剑桥商务英语考试(BEC)作文，为今后进一步学习和顺利取得相关证书打好基础，体现了课证一体化的高职教育特色。

本教材面向的学生群体是高中生和以高中生和三校生为起点的高职高专学生，英语基础薄弱。因此教材的第二部分“写作基础知识”以掌握足够的词汇和大量的句型为基础，巩固并拓展中学阶段的英语知识和能力，确保学生接受语言信息的输入效果。同时，本教材摘录了高职学生习作中常见的错误并进行了详细的分析说明，有的放矢。

《高职高专英语课程基本要求》要求学生掌握各类应用文的文体特点、行文格式和写法，最终培养学生具有初步的英语写作能力。因此本教材的第三部分“英语应用文写作”是为岗位需求而设置的，是高职学生写作的重点，也是写作课程的重心。通过大量的模板式范例讲解，学生只要掌握不同体裁的结构框架(模板)、常用的表达和句型，再在写作的实践中加以验证和巩固，就能写出一篇规范的应用文，真正做到学一点、会一点、用一点，完成基本要求中规定的任务。

《新世纪英语写作教程》的编写内容是完全根据高职学生特点以及职业岗位需求选取，既考虑了高职学生英语基础薄弱，又贯彻了《高职高专英语课程基本要求》对该课程的具体要求，同时又体现了高等职业教育的特色，不仅非常适合高职高专的学生学习，也可供普通高校学生、成人学生以及同等英语水平的学生学习和参考。

全书由北京经济管理职业学院编写。常红梅担任主编，负责统稿，审定修改全文，并承担了 Part II, Chapter III, Unit 2 的编写；李兰欣、于威、王月会分别负责 Part I, Part II, Part III 的编写，张竞、刘素琴分别参与了 Part II 和 Part III 部分单元的编写，在此一并表示感谢。

需要说明的是本教材在编写过程中，参考了较多的相关著作和教材，并借鉴了一些著作的观点，在此，谨向有关作者表示真诚的感谢。

由于编者水平有限，疏漏在所难免，恳请外语界同人不吝赐教。

常红梅

2009 年 3 月

丛书编写说明

高等职业教育是我国高等教育体系的重要组成部分。为满足我国社会发展和经济建设需要，促进高等职业教育持续健康发展，教育部积极推进高等职业教育改革，颁布了《高职高专教育英语课程教学基本要求》。北京经济管理职业学院外语系近年来在外语教学上进行了一系列的改革和创新，贯彻先进的教育教学理念，按照岗位要求设置课程、整合教学内容，建立了"实用英语写作"、"商务英语翻译"两门北京市级精品课程，以及"实用英语语法"院级精品课程，"英语阅读"课程也在积极建设之中。高职高专英语专业系列教材正是几年来根据高职教育培养目标的要求，在实践中进行教学内容和课程体系改革的成果。

本套教材力图体现我国高职高专英语专业教学实践的特点，遵循高职高专教育"实用为主"、"够用为度"的总体指导方针；教材的设计充分考虑高职高专英语专业的课程设置、课时、教学要求与高职高专英语专业人才培养的要求与目标，强调英语语言基本技能训练与培养实际英语语言能力并重；充分体现了基础性、实用性、够用性和科学性。基础性是指注重语言基础知识，巩固并拓展学生中学阶段的英语知识和能力；实用性是指教材紧扣高职学生的职业方向；够用性是指教材尽可能控制难度，学一点、会一点、用一点，确保学生接受语言信息输入的效果；科学性是指该教材吸收先进的教学理念和方法，符合语言学习规律，恰当、充分地利用现代教育技术手段，有利于教师使用，有利于学生学习。为方便自学，书后提供了练习参考答案。全套四本教材在遵循总的编写原则的同时，又根据各自课程的特点自成体系。

高职高专英语专业系列教材包括《新世纪英语写作教程》、《新世纪英语翻译教程》、《新世纪英语阅读教程》和《新世纪英语语法教程》共四本。北京经济管理职业学院的常红梅教授担任总主编，并担任《新世纪英语写作教程》的主编；《新世纪英语语法教程》由卢玲蓉（北京经济管理职业学院）主编；《新世纪英语翻译教程》由孙海红（广东女子职业技术学院）主编；《新世纪英语阅读教程》由薛冰（北京服装学院）主编。

高职高专英语专业系列教材涵盖了英语专业及相关专业的骨干课程，旨在构建以核心职业能力培养为主线的理论与实践相结合的特色鲜明的课程教材体系。本系列教材的编写内容完全根据高职生特点以及职业岗位需求选取，既考虑了高职学生英语基础薄弱，又贯彻了《高职高专教育英语课程教学基本要求》对该课程的具体要求，同时又体现了高等职业教育的特色，不仅非常适合高职高专的学生学习，也可供普通高校学生、成人学生以及同等英语水平的学生学习和参考。

高职高专英语专业系列教材是身处教学改革第一线的教师们，在深入研究高职教育思想、广泛汲取国内外优秀教材精华的基础上，以创新的意识和大胆改革、勇于实践的精神，经过集体研讨、反复实验而编写完成的。我们期待着这一成果能为推动高职教学改革做出贡献。

编写组

2009年3月

目录 (Contents)

Part I

高职常用考试作文介绍
(Types of English Writing Tests)

无论是国内外语类考试还是国外外语类考试,写作都是不可或缺的一部分,因为它是我们交流过程中必备的技能之一,因此我们将考试作文作为我们高等职业学校英语写作训练的一部分,旨在让读者以一种新的思维模式去应对测试,希望读者能围绕提高写作综合素质以及日常生活和工作中的综合写作能力来准备考试。许多英语应试作文训练仅仅注重英语应试能力而忽视英语综合写作能力的提高;这样造成的结果是英语应试写作能力的提高速度缓慢,英语综合写作能力的提高效果不明显。为了切实有效地解决这一问题,让读者能够在提高英语应试能力的同时也能提高自身英语综合写作水平,我们将对剑桥商务英语BEC初、中级以及高等学校英语应用能力考试(AB级)写作部分的考试要求及评分标准进行详细分析和讲解,然后将从新的思维角度和读者共同探讨在以上几类考试中的英语写作应试技巧和英语综合写作能力的提高方法。

Chapter I

剑桥商务英语(BEC)考试作文
(Writing Styles in Business English Certificate)

剑桥商务英语证书考试(BEC)是剑桥大学考试委员会根据英语为非母语国家的人员进行国际商务活动的需要而设计的考试。试题对考生听、说、读、写四个方面进行全方位的考查。BEC考试的对象为从事或打算从事商务工作的人员。该考试是高质量的国际英语考试,可以颁发中国教育部和国际机构认可的商务英语证书。适用于不同职业背景,是求职者的强有力的商务英语语言能力证明。备考剑桥商务英语BEC考试,不仅仅是考试的准备而且是考生个人整体外语水平和职业业务素质的提高;我们在备考中应当将重心放在个人综合语言能力的提高方面而不仅仅是考试能力的锤炼,只有这样才能真正考有所得,考有所用,考为所用。那么我们如何才能既考得高分又能提高个人综合外语水平呢?下面我们将详细讲述一下剑桥商务英语BEC初级和中级的概况以及相关备考情况,让我们共同体会如何才能鱼和熊掌兼得。

Unit 1

剑桥商务英语(BEC)初级考试作文
(BEC Preliminary)

剑桥商务英语 BEC 初级写作考试注重考生基本笔头商务沟通能力,强调考生在文字运用过程中在商务背景下将商务日常活动中的信息正确无误地传递给信息接收人的能力。是对考生的最基本商务沟通能力的一种考察。

1. 剑桥商务英语 BEC 考试初级写作要求及评分标准 (Requirements and Grading Criteria)

1.1 考试大纲对 BEC 初级写作的要求

初级写作测试得分占 BEC 初级测试总分的 25%,大约需要 30 分钟左右来完成。写作内容具有明显的交际性特征。注重测试的真实性和实用性。所以,BEC 试题的写作形式与其他英语写作考试题型有些不同;它不是命题写作而是注重实际商务环境中的语言应用能力的考查,因为在试题中设计了一些在实际商务工作中常见的真实工作情景。BEC 初级试题写作部分不要求考生就考卷中具体写作题目去写作,而是要求考生按试题要求根据提供的模拟真实情景和写作任务去写便条、电子邮件、备忘录、传真及其他商务信函等。因此,无论是 BEC初级还是 BEC 中级,写作形式都是情景写作,考生没有真实商务英语综合写作能力和商务综合素质很难获得考试证书。BEC 之所以有写作情景的安排,主要目的是使写作内容更贴近商务生活背景,更直接地考察考生的真实商务写作能力,其写作要求的范围更规范,同时也使评分标准更加客观和公平。

初级写作共分为两部分。内容包括公司与公司、公司内部各部门或同事之间的交流;形式常常是便条、短信、备忘录或者电子邮件;另外还包括商业信函,即用于公司与公司之间(顾客或供应商)的交流信函,形式多为信件、传真或者电子邮件。

初级写作的第一部分要求考生根据所给指令和所设置的情景以及写作任务写出 30 至 40 词的便条、短信、备忘录或电子邮件。所设置的情景中往往给考生以假设身份并具体设定工作情景;要求考生根据这个情景和所规定的写作任务写出具有实效性的交流文本。试卷会给出信息要点,例如来源、日期、任务等等。作者身份、写作目的和读者身份都会给考生详细交待,而且会给出考生在答案中必须涵盖的内容要点。但是,有些相关商务背景细节需要考生根据自己的商务背景知识想象出来以完成测试中应当完成的任务。

第二部分对考生的要求则更高一些。要求考生根据试题中给出的一段较长的指导性相关信息和写作要求,即所设置的商务情景和写作任务,写一份 60 至 80 词的商务函件。所给信息可能是一份信件、一份传真或者一份广告。题目要求会被详细列出。要求考生先详细阅读这些背景性内容和要求,再根据这些写作情景、写作要求和写作任务写一封回信、回传性传真等。作者身份、写作目的和读者身份也都会给考生详细交待。

从写作要求我们可以体会剑桥商务英语考试初级部分对考生的要求不是一般的交流性语言测试,而是真实的商务英语交流能力,因此考生所具备的必须是真实情景中具体地用英语进行基本的工作交流的能力,考生的备考出发点也应当围绕商务交流综合能力的提高进行练习。这一点从下面的评分标准也能够体会。

1.2 剑桥商务英语 BEC 初级写作测试评分原则和标准

BEC 初级写作测试的阅卷原则和标准如下：

阅卷人分别就写作两部分进行打分。他们往往采用总体印象评分法(Global Scoring)。阅卷人主要根据评分标准对考生任务完成的情况做出评估。因此,考生在写作过程中要明确写作目的，将所有任务要点都包含在内。考生要按照写作试题要求被赋予的身份完成写作任务,语言要流畅、易懂,尽量减少语法错误和无谓的拼写错误。具体评分标准如下：

第一部分评分标准	
5级(5 分)	对于任务要求理解非常透彻,覆盖所有的任务点,读者阅读时基本无困难。
4级(4 分)	对于任务要求理解比较透彻,覆盖所有的任务点,读者阅读时稍有困难。
3级(3 分)	对于任务要求理解较为清楚,覆盖所有任务点中的两点。
2级(2 分)	对于任务要求理解不够清楚,只覆盖所有的任务点中的一点或有明显的疏漏或离题表达。
1级(1 分)	对于任务要求理解不清楚,没有覆盖所要求的任何任务点,与主题基本不相关;或者对任务要求理解错误。
0级(0 分)	没有相关内容,或者没有什么可供测评的语言。
第二部分评分标准	
5级 (9/10 分)	对任务的要求能充分实现。对目标读者能够产生预期效果,给读者的印象颇佳。 ✕ 覆盖所有四个任务点; ✕ 语言表达流畅,错误较少,没有交流障碍; ✕ 文章结构与词汇安排合理; ✕ 文章组织严密,恰当使用简单的连接结构; ✕ 称谓与格式恰当。
4级 (7/8 分)	对任务要求较好完成。对目标读者能够产生预期效果,给读者的印象良好。 ✕ 覆盖所有四个任务中的三个或四个; ✕ 语言表达较为流畅,错误较少,没有交流障碍; ✕ 总体组织结构较好,语言词汇安排比较合理; ✕ 文章组织严密,注意使用连接结构; ✕ 称谓与格式较为恰当。
3级 (5/6 分)	对任务的要求能够合理完成。对目标读者能够产生令人满意的效果。 ✕ 覆盖所有四个任务中的三个; ✕ 有一些语言错误,但是大多数不影响交流; ✕ 文章结构与词汇安排较为合理; ✕ 文章组织总体较为合理; ✕ 称谓与格式较为恰当,虽然有些地方不太理想。
2级 (3/4 分)	对任务的要求完成不够完备。对目标读者会产生负面的影响。 ✕ 只完成所有四个任务中的两个; ✕ 语言错误较多,甚至影响交流效果; ✕ 文章结构与词汇运用有局限性; ✕ 文章思路不够流畅,连接不当,甚至造成理解混乱; ✕ 称谓与格式不恰当。

续表

1级 (1/2分)	对任务的要求基本不能完成。对目标读者会产生极其负面的影响。 ✖ 只完成一个任务； ✖ 语言表达完全没有控制能力，基本错误常见； ✖ 文章结构与词汇安排与任务要求相去甚远； ✖ 缺乏总体组织，甚至导致不能正常交流； ✖ 称谓与格式十分不恰当。
0级 (0分)	不能完成任何任务，低于所要求字数的25%，文章完全不可读或语言不连贯（信息完全和题目无关、字迹模糊难以辨认等）。

2. 商务英语 BEC 考试初级写作应对策略（Writing Strategy）

这里所讨论的考试写作应对策略不局限在考试范围内，正如我们在开篇中所讲述的，应试不是目的，提高商务英语综合写作水平才是我们以及考生最终要达到的目标。我们下面的讨论主要以此为出发点。

2.1 写作技巧

英语写作在日常及社会事务的处理中占有一定地位。对于商务英语写作而言，语言使用者因其商务使用背景和目的而使商务英语信函具有其独特的语言特点。在剑桥商务英语 BEC 写作过程中，无论初级、中级或者高级 BEC 考试，考生无论是参加考试还是在日常商务运作的写作交流中都应该注意以下三方面的技巧：简洁、完整和准确。下面我们具体介绍一下：

2.1.1 简洁

商务信函强调语言的功能性。用通俗易懂的语言将所有需要表达的内容简单明了地表达出来即可；不可拖泥带水，措辞要恰当，表达要直截了当，开门见山；没有必要利用过多的客套话。注意避免使用大词和难词，尽量用人们日常生活中熟悉的普通词汇。这样读者更容易明白，还显得有亲切感。因为，只有这样的写作特色才能符合当今商务工作的快节奏。我们从下一节真题 1 的考生答案得满分可以看出，该考生并没有像第二个考生用了那么多的解释性语言，而是直截了当地将事情说清楚，没有客套话，没有拖泥带水；使读者在短时间内即可了解相关信息并做出相关应对。这是商务英语写作最显著的特点之一。

2.1.2 完整

无论是正式商务信函还是非正式商务交流短函，内容的完整性是商务信函必备的另一个必要条件。只有将需要表达的内容涵盖完整才能将传递信息这一行为的最终目标完成。因为任何疏漏都不能圆满完成商务活动的任务需求。任务完成过程的失败则意味着商务交流无效，因此很有可能造成无可估量的损失。这是商务交流的大忌。

这里的“完整”首先是将事件完整地交待清楚，做到无一疏漏。正如下一节真题 1 和真题 2 第一个考生的答案中所表述的一样，在写作过程中将所需表述事件一一说明白，所需附加的相关商务背景内容也应当符合考试要求和相关真实商务情景。另外，所有句中的句子结构和含义的完整性也应符合要求，能够使读者明白所述内容。这一点在我们下面的真题答案中可以看出，他们当之无愧地将满分收入囊中正是因为他们达到了非常好的完整性。相反，任何疏漏，哪怕是漏掉一个任务点，考生也不会得高分；透过评分标准和考生答卷评分分析我们可以看出，无论语言表达多么优秀，结构如何严谨，称谓和格式如何符合标准，都无济于事。

可见完整性在商务英语写作中的重要性。

2.1.3 准确

无论公司内部交流还是公司与公司之间往来，如今商务信函写作中注意准确得体是最基本的写作标准。因此，写作过程中，首先要做到措辞得当，这样可以使收信人在阅读时不但可以明确理解所有要表达的意图，而且心情舒畅，能够从中体会到写信人的礼貌和关心，同时准确无误地完成写作任务。比如下一节真题分析的真题 1 中的任务点 3 要求考生 "Suggesting that you travel to the seminar together"，要求考生在写作中建议和收信人一起去参加研讨会，这里需要注意的是提出建议时要措辞准确得当，我们常用情态动词 would, could, should 等来表示礼貌，如果这些被忽视可能会出现强硬的命令式措词；如："I wait your answer", "I think you can go with me together" 等语言就显得不是很委婉，会让人产生不愉快的感觉。

准确还包括句子的语法要正确，上下句逻辑关系要严谨。语法错误和单词拼写错误或者句子支离破碎都会造成收信人在阅读时对写作内容以及写信人写作态度的误解。当然，就考生而言，考试得分方面也必定会受到影响。

2.2 高分突破

BEC 写作考试中如何在短期内获得高分一直是所有考生所关注的问题，表面看来这一点似乎很难达到，不过，如果我们遵循一定的写作技巧和规律，写作高分突破还是有可能的。为此我们要注意以下几个方面：

2.2.1 认真阅读 BEC 写作指令和要求

一旦拿到考题，考生应当首先仔细阅读写作指令，了解指令要求，将写作任务理解清楚。前面我们讲过，剑桥商务英语写作往往会给考生设置某种商务情景让考生据此进行写作，因此考生开始写作前应当首先将自己置身于该情景之中来理解考题。只有考生能够真正进入到这个模拟商务情景之中，以考题所设定的人物身份去完成所有写作任务才能取得较好的写作效果。例如：如果所设置的商务情景为：你计划参加一个研讨会，而且你认为你的同事也会感兴趣并建议他和你一起去，同时得知信函接收人和自己是同事关系，要完成的任务是告诉对方研讨会的内容、解释为什么你认为该会议有利于对方并建议对方和自己一同前往。可见，写作部分的关键不仅仅是会写，更重要的是能够读懂并充分理解写作指令、写作要求和写作任务。只有这样才能完整、准确、有效地写出符合要求的内容。在日常商务活动中我们也只有注意这些方面才能成功地进行正常的商务交流。

2.2.2 圆满完成写作任务

BEC 商务英语写作中第一部分往往包含三项写作任务，第二部分往往包含四项写作任务。考生首先应当注意的是不要遗漏任何任务点。为此，考生可以在写作前先将这些任务点的关键词在试卷中标出，然后逐一将每个任务完成。另外，要圆满完成任务，还应确保每一个任务点的内容一定要符合相关商务情景。因此考生应当完全深入到角色当中来把握每一个任务点，按角色需要编写任务点，使其真实有效。另外，如果想达到理想的写作效果，考生写作时一定要从收件人的角度编写自己的写作内容，看收件人是否能够按照你所写内容去行事。总之，只要我们能够设身处地为对方着想，就会更圆满地完成写作任务，这也是我们成功进行日常商务交流所必须具备的素质。

2.2.3 充分把握考试时间

BEC 商务英语初级考试的阅读和写作试卷一般是同时发放。但是，要求考生首先完成阅读部分,然后监考人员会将阅读部分的答题卡收起来,只留下写作答题卡和读写试卷。最后给考生30分钟进行写作答题。如果考生感到时间比较紧迫就尽量不要写草稿。可以将关键词写在答题纸上,打腹稿并整理思路,然后直接将内容写在答题卡上。当然,如果阅读部分完成得比较快,可以提前打草稿。另外还要注意第一部分和第二部分写作时间的分配,不要在第一部分使用太多时间以至于第二部分没有足够的时间。第二部分占写作总分的三分之二,那么也应该使用相应的时间来进行写作。总之,一定要把握好时间,保证在有限的时间内完成写作任务。

2.2.4 认真检查

认真检查是每个考生在交卷前都应尽量做到的。首先检查任务点是否全部涵盖,然后看称谓和格式是否正确,语法和措辞是否准确,任务完成的效果,最后检查拼写和书写工整度。如果可以的话,建议考生用铅笔进行写作部分的答题,这样可以更轻易地修改自己不满意的地方。

2.3 备考技巧

2.3.1 积累商务背景知识

BEC初级写作不同于传统的命题写作。BEC初级写作是根据现实生活中的实际情况,给考生提供一段模拟真实场景的背景资料,然后考生针对这些特定的商务环境写出不同体裁的文章。这就要求考生具有一定的商务背景知识的积累。比如试题中让考生告诉收件人某公司培训班的内容以及该培训班适合对方的原因。要完成该项任务需要考生具备HR部门负责培训的相关人员所应具备的相关商务背景知识,可见积累商务背景知识的重要性。这就要求考生日常生活中要加强商务英语知识方面的阅读,积累商务知识的同时增加词汇量同时提高商务英语语言综合能力。

2.3.2 加大阅读量

"熟读唐诗三百首,不会作诗也会吟。"这句中国俗语清楚地告诉了我们,提高写作的方法之一就是加大阅读量并且认真仔细阅读。大量的阅读不仅可以提高读者的语感,还能让考生积累知识背景,潜移默化地获得丰富的语言背景知识,养成用英语进行思维的模式,了解相关文化背景,最后做到语言运用自如。

2.3.3 提高写作能力

无论何种类型的考试,备考过程中提高写作能力是备战英语考试中的必然步骤。在这个过程中,首先考生应当增加写作量,亲自尽量用英文写作可以养成用英语思维的习惯,从而提高综合语言能力,写出来的英语语言架构也符合英语特色,正所谓"Practice makes perfect"。另外,考生还应当认真研读相关优秀作文,然后自己模仿写作,或者自己写出来后与之进行对比,找出差距,弥补不足。这样可以更理想地掌握答题方式,使自己在考试中取得优异成绩,这也是提高综合写作能力的方法之一。

考试时间	第一部分	第二部分
2008年11月	给员工发邮件写通知	写回信感谢被邀参加会议并告知将讲述内容
2007年11月	给负责设备人员写备忘录	给申请职位者写信表示拒绝
2006年11月	给人事部经理写电子邮件	给其他公司因员工培训问题写电子邮件
2006年5月	给秘书写备忘录	写回信答应对方公司来进行产品展示
2005年11月	给新同事写电子邮件	就到对方公司访问写传真回文
2005年5月	给助手写便条	就对方公司的产品展示活动写回信

3. 历年试题解析

我们首先了解一下近几年的部分写作考试真题。

通过以上两部分历年真题可以看出，BEC 考试的第一部分正如考试要求所提到的，只涉及公司内部部门之间或员工之间交流的三种常见商务文件：便条、简短信件或备忘录。通过考题要求我们得知，第一部分要求篇幅简短，30 至 40 个词即可。这部分主要考查考生最基本的笔头交流能力，只要考生能够利用简洁的语言完成试题中所涉及的相应任务，传递相应信息即可。

第二部分主要涉及公司内部部门之间以及公司与其他公司之间的正式场合中使用的商务信函以及传真、电子邮件等文体。要求篇幅也不是很长，从考试要求和评分标准可以看出，该部分要求考生利用 60 至 80 个词语将所交给的任务完成，将要解决的问题简明有效地解决。其中主要考查考生解决问题的能力，同时考查考生的语言能力和篇章结构方面的组织能力。下面我们就考试真题进行具体分析。

考试真题第一部分：(以下简称"真题 1")

Part One

- You plan to attend a seminar next week and you think your colleague Liz will also be interested in going.
- Write a note to your colleague, Liz:
  - ☆ Telling her what the seminar is about
  - ☆ Explaining why you think it would help in her work
  - ☆ Suggesting that you travel to the seminar together.
- Write 30—40 words.
- Write on your Answer Sheet.

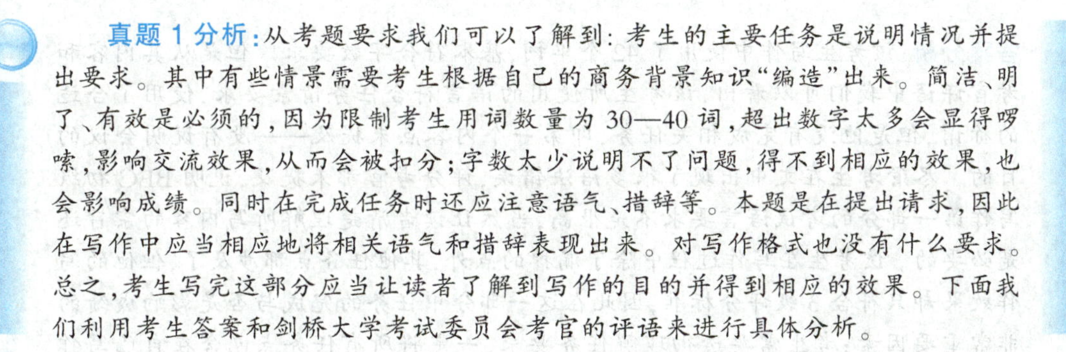

真题 1 分析：从考题要求我们可以了解到：考生的主要任务是说明情况并提出要求。其中有些情景需要考生根据自己的商务背景知识"编造"出来。简洁、明了、有效是必须的，因为限制考生用词数量为 30—40 词，超出数字太多会显得啰嗦，影响交流效果，从而会被扣分；字数太少说明不了问题，得不到相应的效果，也会影响成绩。同时在完成任务时还应注意语气、措辞等。本题是在提出请求，因此在写作中应当相应地将相关语气和措辞表现出来。对写作格式也没有什么要求。总之，考生写完这部分应当让读者了解到写作的目的并得到相应的效果。下面我们利用考生答案和剑桥大学考试委员会考官的评语来进行具体分析。

考生答案一：

Liz,

There will be a seminar about new recruitment ways. I think you could be interested in attending it as you've just got this position as Human Resources consultant. Would you like to travel with me?

Please answer ASAP.

Examiner's comments:

All the content points are clearly covered and there is evidence of a good range of language, with minimal errors. Overall, the effect on the reader is very positive. Therefore, Band 5 is awarded.

答案分析：从其内容和考官评语中我们可以看出，考生的答案是令人非常满意的。因为该考生使用了38个词，符合字数要求，涵盖了所有的内容点。恰当地传递了考题所要求的写作信息。所用语言显示出其良好的语言能力。几乎没有语言错误，因此也不会给读者造成任何理解方面的影响。总之，该考生的便条给读者以非常有效的积极的感染力。所以可以给打满分。

考生答案二：

Liz,

I write you because I will attend in a seminar next week. I think it's interesting because it refers to our actually job.

I suggest that you could be interested and we could travel together. I wait your answer.

Best regards

Cris

Examiner's comments:

As the purpose of the seminar is not stated, the first content point has not been addressed. However, the other points are clear and language is appropriate to the task, and it is written in an appropriate register. It is included in Band 3.

答案分析：该考生写作中使用了42个单词，基本符合字数要求。但是从其内容和考官评语中我们可以看出，该考生所使用的语言符合任务情景要求，使用了合适的称谓，但是他没有完成相关任务，即第一个内容点未提及——没有说明会议的目的。尽管考生在文中出现了很多语法错误，评分考官都未提及，说明BEC初级写作第一部分的考试语言要求不是很高，当然让读者清楚理解所写内容的宗旨还是必要的。该考生在写作过程中除了漏掉的点外，其他任务点都涉及了，但他的写作效果却只符合3级评分标准，因此在这一部分中任务的完成与否是影响成绩的非常重要因素；考生需要透彻理解任务要求，一定将所有任务点包含在自己写作过程中。

考试真题第二部分:(以下简称"真题 2")

Part Two

- Read part of a letter below from James French, a local publisher.

  We are preparing a directory of information about businesses in the area. Would it be possible to arrange a convenient time to interview you about your company?

  Could you let me know as soon as possible what your company's major activities are, to help in planning the organization of the directory?

- Write a letter to James French:
  - Agreeing to his request for an interview
  - Giving details of what your company does
  - Saying why you would like your company included in the directory
  - Asking when the directory will be published.
- Write 60—80 words.
- Write on your Answer Sheet. Do not include any postal addresses.

从以上真题 2 的考题要求我们可以了解到:和第一部分一样,考生的主要任务是说明情况并做出相应请求或咨询,其中有些情景需要考生根据自己的商务背景知识"编造"出来。完成任务、达到通信目的是该考题的基本要求。和第一部分不同的是,考生需要完成四个任务,用词数量也增加到 60 至 80 词。尽管这是一封正式的书信,但不要求考生将邮政地址等细节性内容包含在内。这说明 BEC 初级考试写作第二部分对格式的要求也不是很高,只要考生能够保证信件主体结构的正确性即可。当然,字数、语言、语气,措辞等在这一部分中相对于第一部分要求略高一些。

考生答案一:

Dear Mr. French,

I am Writing to thank you for your letter and for the interesting opportunity of publicity you are offering to our company.

Therefore, I will be pleased to meet you for an interview. Would Thursday 10th April at 10am be convenient for you?

The company operates in the fashion market and our main activity is producing high quality women trousers.

I would be very grateful if you could inform me when the directory will be published.

I look forward to hearing from you in the near future.

Yours sincerely,

Examiner's comments:

All the content points are achieved in this response, which is written in an appropriate register and format, and displays confident control and a good range of language. Therefore, Band 5 is awarded.

答案分析：该考生共使用了92个英文单词，略超出字数要求，但是，该考生完成了所有任务点，称谓和格式恰当，文中显示出很好的语言控制能力和较好的语言基本功，所以被归为满分级别5级(9/10分)。

考生答案二：

Dear Mr. French,

I am writing you this letter to make an appointment for an interview with you. In this interview I am going to present my company and I am going to give you details for the organization of your company.

Our company has many ideas to reduce line of work in other company for reducing money.

Please find enclosed the agenda of my company and feel free if you have any questions.

am looking forward to hearing from you with appointment for the interview.

Yours truly,

Examiner's comments:

The task has been misunderstood and much of this response is therefore irrelevant. Only the first content point has been achieved. This letter can only be awarded to Band 1.

该考生之所以没有得到什么分(1级(1/2分))是因为作者没有充分理解题意以至于利用89个单词讲述一些不相关的事情，而且只完成了第一个任务点。文中还显示出该考生缺乏对语言的控制能力，并且还出现了一些严重的语法错误。由此可见，考生答题首先应当充分理解题目要求，考虑所有任务点的含义、目的、每一个任务点处理方式，如何运用恰当的语言、语气、相关商务情景，采用何种称谓和格式来完成交流目的，达到相应交流效果。

考题毕竟只是考查考生所具备的语言水平；考生在现实生活中所需具备的基本功和综合素质是我们在备考过程中更加注重的，因此，我们这里所讲的考试策略不仅仅是为考生考试做准备，更是为考生未来的工作和生活做准备。

练习(Exercises)

I.

Part One

- You have just received a message that a new client, Jorge Smith, is arriving at your office tomorrow afternoon at 2 o'clock.
- Write a memo to your secretary, Helen Jones:
  - ◆ Telling her about Mr. Smith's visit
  - ◆ Explaining why you might be late
  - ◆ Telling Helen what to do with Mr. Smith until you arrive.
- Write 30—40 words.
- Write on your Answer Sheet.

II.

Part One

- Your department currently has a lot of work, and your secretary must take several weeks off work starting tomorrow.
- Write an email to the Human Resources Manager in your company:
  - ◆ Explaining why your department is so busy
  - ◆ Saying why your secretary will be away from work
  - ◆ Asking for a temporary secretary.
- Write 30—40 words.
- Write on your Answer Sheet.

III.

Part Two

- Read this part of a letter below from Richard Freeman, who runs a small businesses association.

Let me introduce myself. My name is Richard Freeman and I'm writing to ask if you would be willing to give a talk to our association on 13 November 2008 at 7:30 p.m.

Most of our members are owners of small businesses in and around the city. We would be interested in hearing about a topic to do with your work. For your information, talks usually last 20—40 minutes.

The club can provide any technical equipment you may need. Please let me know about this in advance.

I do hope you will be able to accept our invitation.

- Write a Letter to Mr. Freeman:
  - ■ Accepting the invitation
  - ■ Saying what topic you will talk about
  - ■ Telling him what equipment you will need
  - ■ Requesting directions to the venue.
- Write 60—80 words.
- Write on your Answer Sheet.

IV.

Part Two

- Read the letter below.

Dear Mrs. Dean

We would be grateful if you could give us information about two of your cleaning products, Super Floor Cleaner and General Cleaner.

We would like to know the discount you can offer if we buy 30 liters of each product.

We would also like to know when you could deliver these quantities; this would be ideal before 18th October.

Yours sincerely

H. Wong

Supervisor

Office Cleaning Services

- Write a letter to Ms. Wong:
  - Thanking her for her inquiry
  - Telling her about your discount
  - Confirming that you will deliver by the required date
  - Asking her to phone if she would like further details.
- Write 60—80 words.
- Write on your Answer Sheet.

剑桥商务英语(BEC) 中级考试作文
(BEC Vantage)

随着中国人学习英语风潮的持续升温,拥有日常英语交流能力已经变得不足为奇,目前在就业市场上走俏的更多的是职业英语，能够在各种工作环境中用英语进行交流会大大提高职场人士的职业竞争力；比如能够具有专业知识同时又能与外企外方同事用英语讨论公司事务或者代表公司和外国公司用英语洽谈业务等方面的人才处于稀缺状态。所以很多学生考完 BEC 初级之后去考了中级,有些人甚至直接考 BEC 中级。他们考试的目的已经不再单纯为了获得商务英语证书,而是通过备考过程来进一步提高自己的综合英语水平。目前备考剑桥商务英语 BEC 中级证书是很多有志跻身于商业职场的人士熟悉商务场景、学习商务英语的最佳方法。当然,BEC 中级证书也是许多外资企业和中外合作机构比较看重的能够证明持有人更高级别的商务英语语言能力的证书。

1. 剑桥商务英语 BEC 考试中级写作要求及评分标准 (Requirements and Grading Criteria)

剑桥商务英语 BEC 考试中级写作部分从写作要求、评分原则和评分标准等各方面都和初级有所不同。下面我们分别详细进行介绍。

1.1 剑桥商务英语考试大纲对 BEC 中级写作的要求

BEC 中级写作部分得分占 BEC 中级测试总分的 25%，要求考生在 45 分钟之内完成。中级写作和初级写作相同共由两部分组成,各部分格式和文章长短要求都有所不同。具体写作要求如下：

BEC Vantage 中的写作测试要求考生在第一部分中完成一篇 40 至 50 词的短文写作；在第二部分中完成一篇 120 至 140 词的较长文章的写作。正如在初级 BEC 写作中所述，BEC 测试题中级的写作与中国目前其他考试的写作题型有所不同,BEC 中级写作测试除考查考生的整体写作水平之外，也考查考生处理日常商务活动及解决商务运作中出现问题的能力。测试题材与体裁均与商务信函有关,往往涉及以下内容：

商务信函:这里所涉及的信函往往是与公司之外的人写信,如客户、供货商等,主要讨论商务往来事务。信件、传真和电子邮件为主要格式。

报告:所涉及的报告往往与具体商务问题或事件有关;报告应包括三部分:介绍、主体、总结。备忘录或者电子邮件为主要格式。

建议:所涉及的建议的格式和内容基本和报告相同,但它更倾向于对未来的关注,就未来发展趋势提出自己的看法或建议等。

BEC 考试中级也分为两部分：

第一部分中考卷首先提供给考生一些背景知识,然后再给出几项任务,要求学生按提示写出电子邮件、通知、备忘录等。字数要求: 40 至 50 词。作者身份、写作目的和信息接收者已在标题中指出,考生应当首先了解自己所代表的身份、信息接收的对象,然后注意把提示中的任务全部有机地结合到答案当中。漏掉任何一项都会被扣分。

第二部分首先提供给考生一部分与写作相关的信息，同时提供给考生对该信息的评论型注释并要求考生以报告或书信或建议的形式传递这些注释或评论信息。关键是需要考生有能力把这些评论或注释转换成自己的语言，以恰当的信函格式和相关语言知识以及相应商务背景来传递这些表达歉意、解释、投诉或消除疑虑之类的信息。这部分要求考生根据文字信息或图表信息中的各项注释写出大约 120 至 140 词的商务信函、简短商务报告或建议等。媒介主要是报告或者建议书等形式，但也可能是信件、传真、电子邮件等。一般来讲，如果要求考生写报告，考生一定要考虑用报告的正确格式去写；如果要求考生写一封信，并告诉考生不要求写信的地址就可以省去这部分；如果要求考生写一份传真，一般来讲传真的信头细节不必写出；如果是备忘录或电子邮件的话，to/from/dates/subject 等格式会在试卷中给出，考生不需要再把它抄写到答题纸上。通过下面的评分原则和标准可以看到格式为考查的必要项目。

1.2 剑桥商务英语 BEC 考试中级写作部分测试评分原则和标准

BEC 中级写作测试的阅卷原则和标准如下：

阅卷人分别就写作两部分进行打分。每部分都分别采用总体印象评分法，并参照每项任务的完成情况。阅卷老师主要根据评分标准对考生每项任务的完成情况做出评估。因此，考生在写作过程中要明确写作目的，将所有任务要点都包含在内。考生要按照写作试题要求被赋予的身份完成写作任务，语言流畅、易懂，尽量避免语法错误和无谓的拼写错误。以上总体要求和 BEC 初级没什么不同，但具体评分标准略有区别。请看如下 BEC 中级评分标准：

级别	评分标准	第一部分分数	第二部分分数
5	全部完成答题要求 ● 所有内容点都已包括在内，并在答题要求允许的情况下加以发挥。 ● 语言规范、自然；错误最少，均属小错。 ● 多样化的语言结构和丰富的词汇量。 ● 组织效果好，注意前后呼应。 ● 语域和格式完全适当。 给读者的印象极佳。	9或 10 分	18或 20 分
4	较好地完成答题要求 ● 所有内容点都处理得不错。 ● 大体准确；运用复杂语言时有错误。 ● 结构合理，用词准确。 ● 大体上组织较好，注意逻辑关系。 ● 语域和格式总体来说适当。 给读者的印象良好。	7或 8 分	14或 16 分
3	尚能达到答题要求 ● 所有的主要内容点已包括进去，遗漏了一些次要的内容。 ● 出现一些错误，但不妨碍交流。 ● 结构和词汇掌握范围适度。 ● 组织和安排总的来说令人满意。	5或 6 分	10或 12 分

	● 语域和格式尚可，虽然并不完全成功。 给读者的印象较好。		
2	不能完全达到答题要求 ● 遗漏了一些主要的内容点或者处理得不充分，可能有些不切题。 ● 有时错误影响清楚交流，错误较多，使读者感到迷惑。 ● 结构、词汇掌握范围有限。 ● 内容条理不清、不连贯，造成理解困难。 ● 语域和格式不适当。 给读者的印象不佳。	3或4分	6或8分
1	未能达到答题要求 ● 显著的内容遗漏/或大量内容不相关，可能由于对题目要求的误解。 ● 严重不规范，经常出现基本错误。 ● 题目要求的结构和词汇几乎没有提到。 ● 缺乏组织，造成交流失败。 ● 几乎没有使用适当的语域和格式。 给读者的印象极差。	1或2分	2或4分
0	什么要求也没达到。字数少于所需字数的25%，或是完全不能辨认或是完全不切题。	0分	0分

可见，BEC中级的评分标准和BEC初级的评分标准区别不是很大。但是中级写作的评分标准只有一个，而且同时针对考题中的两部分，只不过因为长短不同所给分数有所区别。中级写作的评分标准中对语言质量的考虑比重有所加大，具体评分对语言质量要求也更高一些，这是初级和中级评分标准的主要区别。

2. 商务英语BEC考试中级写作应对策略（Writing Strategy）

2.1 写作技巧

通过写作要求和评分标准分析我们看出，中级写作和初级写作一样应当注意简洁性、完整性和准确性。不过参加BEC中级考试的考生在写作方面还应当注意，中级考试写作要求比初级更高，因而要利用不同的写作技巧。这里我们将从内容、结构、形式和语言等几个方面分析一下所应采用的写作技巧以及较高级别的综合英语写作能力的提高方法。

2.1.1 内容

考生在写作过程中应当首先根据题目给出的各内容点的逻辑关系调整写作顺序，比如：在试题第一部分的写作中考生看到试题、了解到背景后，应首先注意搞清楚自己需要向信息接收人阐述哪些问题，是否需要重新安排所给信息的顺序。有时考生可以直接按照顺序去写，这是常规的写作方法；但有时需要考生根据事件的轻重缓急重新安排写作顺序。另外，内容点所需扩展的部分一定注意具体细节及其合理性。比如：任务要求写出星期三的什么时间，那么考生应当既写出“下星期三”，也写出“12点起”，如果能够将时间段“持续两个小时”写出来则展示出考生的扩展能力，所交流的信息最终会达到更好的效果，考生相应也会得到更高的分数。又比如：下一节真题分析中的真题要求考生根据公司情况将具体问题和相关建议都以报告的形式写出来。从内容角度看，这部分要更复杂，所给信息包含表格、注释等相关信息。这部分不像BEC初级的第二部分将内容点给考生列出来,而是让考生自己综合并总结相关内容点。因此它不仅需要考生具备综合理解信息的能力,还需要考生根据自己的生活背景以及知识背景将相关内容扩展。比如某真题第二部分注释有五项内容,如果我们综观试题全文再分析这些注释我们会发现几乎所有的注释都需要考生利用自己的商务背景知识进行进一步的总结、综合、分析和解释,在此基础上,考生才能将内容进行合情合理地扩展,组建细节信息,完成报告编写过程。

可见,BEC中级写作第二部分对考生综合写作素质的要求方面以及试题难度上都有很大的提高。但是,考生不能因此而被吓倒,只要平时注意个人商务综合素养的提高,综合英语语言能力尤其是综合英语写作能力的提高,考试当中做到仔细、认真地将所有内容点分析、了解后再根据题目要求的结构将内容点清楚、简洁、恰当地表达出来,得到高分还是没有问题的。

2.1.2 结构

BEC中级写作的第一部分因为总词数要求只有40至50个单词左右,写作时应尽量写成一个整体,不应出现每段一句式的文章,虽然要注意上下句之间的关系,但也不要刻意使用first和second之类的过渡词语。在BEC中级写作的第二部分中,由于要求所写的文章偏长,需要写120至140个单词,考生就应当注意段落与段落之间的关系,尤其是报告(report)、书信(letter)和建议(proposal)的写作。比如:真题第二部分中要求考生根据公司情况将具体问题和相关建议都以报告的形式写出来。从结构角度看,考生首先应当考虑的是在众多信息中如何提炼出在结构方面互相关联的信息,所提供的注释之间相互关系是什么,先叙述什么后叙述什么,如何叙述能够在真实的商务情境中合情又合理,各段落之间是什么关系,段落内部各句之间的关系如何处理等等。写作的目的是将信息传递给对方,那么就应当以信息接收方为中心安排文章结构,让信息接收者读到专业且一目了然的信函。总之,考生需要谨慎处理信息的结构。

2.1.3 形式

BEC中级写作部分需要考虑考生写作格式问题,而初级却要求不高。BEC初级写作试题要求中往往会告诉考生可以不必将相关格式写进自己的作文中;但是中级却不会有这样的指示。在BEC中级考试中,试题指令往往会将模拟实际商务情景告知考生,其中包括写作形式,因此考生必须在写作中首先认清试题规定的写作形式,然后按照题目要求将相关形式根据内容、整体结构安排在自己的写作过程中。这就要求考生必须明白各种文体的格式。比如电子邮件形式、备忘录、信件、报告、建议书的格式等。写作格式在BEC中级写作评分过程中占一定的比重,这是不容考生忽视的。

2.1.4 语言

BEC中级写作对语言质量要求相对高一些,那么我们的应对策略就是提高自身综合写作水平。当然应试写作中我们也应当注意一些问题:首先我们应尽量避开试题当中所使用的语言和文字,因为对试题当中语言的重复不能展示我们自己的语言水平;我们可以采取使用同义词或近义词的方法来解决我们必须提及的试题要求中的各个要点。比如:假如试题中用location,那么我们可以换成venue;advertisement可改为advertising campaign等。

我们还需要从以下几个方面对写作考试中的语言进行考虑:语域、用词和语法。在BEC中级写作考试中需要注意的是,因为考试题目给出的背景相对于初级写作来讲更正式一些,尤其是第二部分中的报告或者建议书之类的写作背景。因此,商务英语写作往往要求"正式文体"这一说法在中级考试中得到了充分的显现。如果考生在写作中确定要以正式文体写作就应当注意将相关语言特点表现出来。比如：不用缩写形式：headquarters 或 September 不简写为 h.q. 或 Sept；不用简写形式：we are 不缩写为 we're；尽量用被动语态：a copy has been sent，而不用主动语态 I sent you a copy 等。用词方面应当注意尽量用具体词汇：schedule, discuss (精确动词)，而不用 set, talk about (宽泛动词或词组)；尽量用大词 purchase, enquire about 等，而不用小词 buy, ask for 等。BEC 中级测试写作方面对语法方面的要求也更严格。因此，应尽量减少语法错误。当然这需要考生平时多多练习将英语综合水平提高才能做到。

2.2 高分突破

BEC 中级考试中，如果想得到高分，考生就必须遵循一定的写作要领。考生需要重点考虑以下几个方面：

仔细阅读写作考试指令的细节和每一项提示材料，注意相关人物背景及内容点的要求。找到试题赋予写作者的身份以及所应完成的任务，然后以任务点为中心组织写作素材并进行写作和内容的扩展，这样既不会跑题去讲述不相关的内容，也能确保圆满完成任务。谨记：任何未完成的任务都会使写作成绩降低一个档次。

动笔前首先明确应当采用的文体格式和语域再动笔，确保所写语言内容、语言特色和语气与任务要求的格式一致。虽然格式要求不是考核重点，但是它也占评分标准的一定比重，影响写作成绩，而且对格式模糊的理解也会影响写作效果。

注意语言的准确性。商务写作是传递商务事务往来信息的重要方式之一。表达信息时所应采用的语言应做到能恰到好处地揭示并处理所要完成的任务，因此，必须在这里体现"准确和得体"这一最重要的商务写作准则。

认清信息的发出者(写作者)、信息接收人(阅读者)的身份、他们的职责、观点及其所期望的结果等。只有了解自己所代表的身份才能站在相应的立场准确表达信息。只有了解信息接收人的情况才能将信息准确无误地传递出去。

注意字数要求。字数超过一定数量也会降低考生得分档次，所以尽量控制在字数范围内。不过如果对自己的语言控制能力比较有把握也可以适当增加字数，但一定要适度；毕竟商务写作的准则之一是简洁。

尽量使用自己的语言。不加修饰、原封不动地抄写考题原文不能展现考生的语言水平，而且也看不到考生的语言组织能力、使用能力等，因此会影响总体成绩。

虽然 BEC 写作考试，无论是初级、中级还是高级，都会让考生根据自己的商务背景知识或者商务经验合理扩展相关内容，但是，考生千万不可随意添油加醋、节外生枝。所涉及内容都应围绕任务点，否则会被视为跑题而失分。

考生还应注意词汇和语言结构的变化。语言尽量符合相应商务情景，语言结构也应相当，否则会给人不伦不类的感觉而严重失分。

书写清晰当然是比较重要的，它代表我们最基本的职业素养。尽量给自己留出时间检查文中拼写和语法错误。这往往会有事半功倍的效果。

2.3 备考技巧

如前所述，备考不仅为了考试，而是英语写作综合能力提高的重要方式之一，因此我们这里不仅是在谈备考技巧，而且在分析英语语言能力尤其是英语写作能力提高的问题。

2.3.1 商务背景知识

如 BEC 初级备考技巧部分所谈到的，如果想提高商务英语写作水平，平时一定要注意积累商务背景知识，在BEC中级写作考试中有更多的信息需要考生商务背景知识的积累，否则考生很可能面对考题中的任务点、解释或标注无从下手，因为这类考生往往会不了解相关情况，因此也就无从知道如何扩展相关内容，解决相关问题。加大阅读量是积累商务背景知识并提高英语语言水平和写作水平的主要方法。

2.3.2 背诵范文

BEC中级的写作有一定规律，题目也有一定范围，多背范文一定是有帮助的。但是最关键的是背诵范文的目的，如果是为了能够遇到原文那是徒劳的，因为这种事发生的几率是微乎其微的，那么所背诵的东西是否能用得上呢？生搬硬套一定是不可取的。所以建议考生灵活背诵，并且对于背诵的东西能够灵活运用。在此我们对考生提出两条建议：首先，多背实用句型，而不是背全文。比如：写信开头指出写信理由我们往往会用“I am writing regarding/concerning ...”；提出请求往往用“I would be grateful if you would ...”；表达“如仍有问题请进一步联系……”用“Should you have any further questions, please do not hesitate to contact me on ...”。但是，报告文体中有其自己不同的表达法。比如：表示背景(background)常用“This report has been written because ....”/“It was requested by ...”/“It was requested on (date)...”；提出建议时常用“In the light of these conclusions, I recommend that ... should ... ”等等；表示总结时常用“The main conclusion that can be drawn is therefore that...”等等。在表示findings时常用“In general, the findings indicated that...”，“The major finding of the investigation was that...”，“In addition,...”，“Surprisingly, ...,which was an unexpected consequence of ...”。通过这些实用句型我们看出，如果能够将这类句型熟练地背诵下来，再灵活运用，应当能大大提高我们写作内容的语言质量。其次，范文要在理解的基础上背诵。因为，BEC中级作文中有背景，有一些图表，有文字类注释(handwritten notes)；考试更多的是需要你根据所给handwritten notes来写文章。因此，背诵时正确地审题非常重要，正确理解题目的意思，理清文章的思路，在这些基础上灵活使用所学过的句型，只有这样的背诵才是我们所大力提倡的。

2.3.3 实际操练

这种备考是指考生在考前所进行的真题或者模拟题的写作练习。多次的练习可以使考生熟悉题型，掌握时间的运用。不过这种实际操练最好要有老师指正或者参考答案，否则所收到的效果会大打折扣。另外，如果备考时间很充分，这种操练就应当转换成一种经常性的、有规律的写作操练，从而练就写作基本功和写作实力。

3. 历年试题解析

首先我们来了解一下近几年的写作考试真题情况：

考试时间	第一部分	第二部分
2008年12月	写备忘录给员工	写报告：客户分析
2007年12月	写电子邮件	写建议书
2006年12月	写电子邮件	写信反映相关信息
2006年6月	写电子邮件	写报告：零售店对比情况分析
2005年12月	写电子邮件	写报告叙述员工满意度调查结果
2005年6月	写电子邮件	写报告详述问题并提出解决方案

通过以上表格可以看出,BEC 中级考试写作的第一部分正如考试要求所提到的,主要涉及电子邮件,有时也会涉及公司部门之间或员工之间交流的备忘录或者通知之类的文体。要求篇幅也不是很长,40 至 50 个单词即可。这部分主要考查考生最基本的笔头交流能力,只要能够利用简洁的语言完成试题中所涉及的相应任务,传递相应信息即可。

而第二部分主要涉及公司内部各部门之间以及公司与其他公司之间的正式场合中所使用的商务报告、商务信函等文体。要求篇幅相对初级来讲略有增加,从考试要求和评分标准可以看出,该部分要求考生根据相关文件以及相关评论或注释利用 120 至 140 个单词完成所交给的任务,简明有效地解决需要解决的问题。其中主要考查考生组织信息和综合信息的能力、了解问题和解决问题的能力,同时考查考生的语言能力和篇章结构方面的能力。下面我们就考试真题进行具体分析。

考试真题第一部分:(以下简称"真题 1")

Part One

- You have been informed that next Wednesday your company's computer system will be closed down so that improvements can be made.
- Write an email to all staff in your department:
  - Saying what time on Wednesday the system will be closed down
  - Suggesting how staff should prepare for this
  - Saying how the system will be better after the improvements.
- Write 40—50 words.
- Write on the separate answer paper provided.

To: All Staff

Cc:

Subject: Computer System

真题 1 分析:题目中考生可以了解到下列所给信息:

- 你所代表的身份及相关信息:公司部门经理。
- 事由:下周三公司将因改善计算机系统而将其关闭。
- 函件格式:电子邮件
- 接收对象:所有员工
- 任务内容:
  - 告诉员工周三关闭计算机系统的具体时间
  - 向员工建议应如何为此做准备
  - 向员工解释系统改善后的状况
- 5)字数要求:40—50 词

从以上试题要求我们看出:BEC 中级写作考试第一部分给考生的主要任务是说明情况并提出要求。其中有些情景也需要考生根据自己的商务背景知识"编造"出来。因为限制考生用词数量在 40 到 50 个单词之间,所以简洁、明了、完整、准确也是必须的。考生应当尽量控制在字数范围内,避免因此被扣分。还应注意函件的格式,因为答题卡上已经给出相关的完整格式,因此,考生可以直接从正文写起,也可以将所给格式部分抄写到答题纸上再开始正文写作。下面我们根据考生答案进行案例分析:

考生答案一:

To: All Staff

Subject: Computer System

I want to inform you that the computer system will be closed next Wednesday at 12 o'clock. The system will be down for at least two hours, please make sure that you have saved all your work. The whole system will run on a new server which is faster.

Thank you.

Examiner's comments:

All the content points are clearly addressed, and the language is well controlled and concise, making use of a range of suitable expressions. Therefore, Band 5 is awarded.

答案分析:从考生答案的内容和考官评语可以看出:该考生使用了51个单词,很清楚地谈到了所有的任务点,并且该考生的语言控制能力很好,内容简洁,能够正确把握合适的表达方法来阐述想要表达的内容。因此,该考生达到了5级标准,也就是说该考生可以得到满分。从效果看,该考生的email可以给读者带来积极的效果——该考生将虚拟的实际工作中的任务完成得很好。

考生答案二:

To: all staff

Subject: company's computer system.

I'd like to inform you that the company's computer system will be closed down on Wednesday.

Please every employee has any work in his computer or important documents have to print it out before this day to work Manual on Wednesday if it is possible? I hope the computer system will be better after the improvement as you all know how the computers were?

Thanks.

Examiner's comments:

Due to omission of a content point and poor language control, the target reader would not be clearly informed. Otherwise, the format and register of the email is appropriate. This part is awarded to Band 2.

答案分析:该考生在正文中共使用了65个单词来完成任务。但是从题目要求所应完成的任务和其答案来看,很难搞清楚该考生在讲述什么问题。可以说和所交代的任务文不对题。虽然该考生只丢掉一个任务点,但该考生对其目标读者不清楚,导致其总体无法完成写作任务,也不可能有积极有效的感染力;而且该考生语言控制能力较差。虽然有合适的电子邮件语域和格式,但最关键还是要看写作内容以及写作效果,因此该考生的答案只能达到2级标准。

考试真题第二部分:(以下简称“真题 2”)

Part Two

- Your department needs to recruit more staff. Your line manager wants you to write a report explaining your requirements and commenting on recruitment.
- Look at the information below, on which you have already made some handwritten notes.
- Then, using all your handwritten notes, write your report.
- Write 120—140 words.

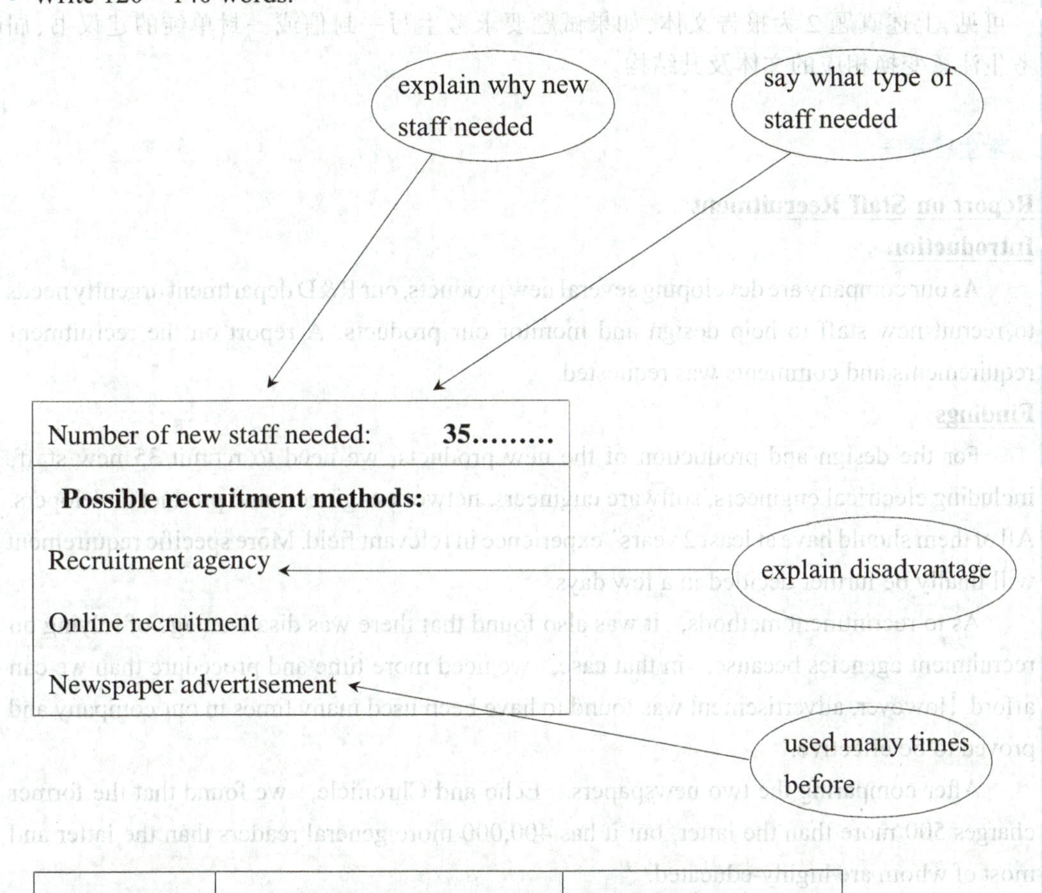

Newspaper	Numbers sold each day	Cost of Advertisement
Echo	600,000	£2,500
Chronicle	200,000	£2,000

explain why this choice is better

通过以上真题2题目要求可看出，该题要求考生写出一份报告以告知招聘新员工的要求并建议招聘方法，依据是所提供的两张图表及其所给出的评语或注释。

由于该部分所提供的内容以图表形式出现，考生需要对图表中的各种数据和相关信息进行分析和总结，然后把自己所了解的结果与被提供的注释和评语结合起来去写。写的过程中，首先介绍写作目的(introduction)，然后将了解到的问题、事实或结果(findings)有条有理地进行表述，最后再对前面的叙述进行总结(summary)，根据本题要求考生还要写出自己的建议或提议(recommendations)。

可见，上述真题2为报告文体，如果试题要求考生写一封信或一封单纯的建议书，届时请考生注意变换相应的文体及其结构。

考生答案一：

Report on Staff Recruitment

Introduction

As our company are developing several new products, our R&D department urgently needs to recruit new staff to help design and monitor our products. A report on the recruitment requirements and comments was requested.

Findings

For the design and production of the new products, we need to recruit 35 new staff, including electrical engineers, software engineers, network engineers and product developers. All of them should have at least 2 years' experience in relevant field. More specific requirement will finally be further decided in a few days.

As to recruitment methods, it was also found that there was disadvantage of relying on recruitment agencies because, in that case, we need more time and procedure than we can afford. However, advertisement was found to have been used many times in our company and proved to be effective.

After comparing the two newspapers, Echo and Chronicle, we found that the former charges 500 more than the latter, but it has 400,000 more general readers than the latter and most of whom are highly-educated.

Recommendations

I suggest we continue using newspaper advertisement in Echo. It is preferred for quicker response right after the launch of the recruitment campaign just because it has much more readers.

Examiner's comments:

All the content points are clearly covered and the report is easy to read, making use of a good range of expression, including linking devices and phrases. The use of language is ambitious for the level, and although there are some errors, these tend to be relatively minor and do not detract from the clear communication of the message. Register and format are properly used. This report can be classified into Band 5.

答案分析：该考生将全部内容点都已清楚地概括在他的报告中。语言运用能力基本达到中级水平。尽管有语言错误但都不严重，并且不影响交流。语域和格式都使用正确。该考生使用了190多个单词，大大超过了所要求字数，但是他没有因此被扣分。这主要因其内容点的全部概括，所表现出的很好的语言控制能力，正确的语域和格式。因此，该考生最后得分是满分。

考生答案二：

Recruit Require new staff

I am Sun Lee from production department. This report is provide to Human Resources department manager to explain our requirement and comment on recruitment method.

Finding

In order to improve our company productivity, our department needs 10 higher skill worker. And because of last year, our department have 15 workers leave this company due to there personal reason so, new we need 35 staff. We need ten higher skill worker with high degree, and the others worker should be female.

Recommendation

We have 3 ways to recruitment. First is recruitment agency. we sue this before. The expenditure is very expensive, and people that provide is not very suitable. Second is online recruitment. We never use this method before, so we can not say this is good or not. However, online recruitment, sometime the resources is unbelieveable. Last one is newspaper advertisement. We used many times before, and we have two better newspaper, one is Echo, the other is Chronicle. The cost of advertisement on the newspaper is 25,00 and 2,000. Even the cost of advertisement on Echo is expensive is higher than Chronicle, the numbers sold on each day is more than Chronicle, is 600,000, the wide range that the Echo covered is large.

So we decide use Newspaper advertisement and name of newspaper is Echo.

Thank you!

Examiner's comments:

All the content points are addressed, the organization of the report is generally satisfactory, and the writer used a range of cohesive devices. However, there is repetition at times and the register is not always consistent. Frequent errors are likely to have a negative effect upon the reader. Therefore the report written by this candidate is in Band 2.

答案分析：该考生也将全部内容点都在报告中提到了。报告的组织结构也基本令人满意。考生还使用了一系列连接手段将全文连接起来。但是文章有很多重复性陈述，而且语域不能始终保持一致，时而正式时而又非正式，将读者搞得很迷惑。考生写作中反复出现的错误会给读者产生负面效果。尽管该考生使用了222个单词来阐述问题，但他所写内容对事件完成的最终结果产生了负面效应；该考生最后只能得到2级的分数。看起来很遗憾，但商务信函所要求的就是这样：只看重最终效果。

综上所述，考生所需具备的不仅仅是单一的应试技巧，而是英语语言综合能力以及商务英语综合背景知识。希望考生在备考的同时注意整体英语语言水平和相关商务背景知识的提高。

练习 (Exercises)

I.

Part One

- Your department needs to employ some temporary staff.
- Write an email to the Human Resources Manager:
  - ◆Saying how many staff you need and giving the date you want them to start
  - ◆Explaining why you need them
  - ◆Stating what skills they should have.
- Write 40—50 words.
- Write on the Answer Sheet.

II.

Part One

- You need to inform your marketing team about a radio advertising campaign for one of your company's new products.
- Write an email to your team:
  - ◆Reminding them which new product it is
  - ◆Explaining why you've chosen to advertise on radio
  - ◆Saying what you expect the adverting campaign to achieve.
- Write 40—50 words.

III.

Part Two

- The staff at your company were recently asked what they thought about working conditions. Your line manager has asked you to write a report summarizing their opinions and suggesting possible improvements.
- Look at the information below, on which you have already made some handwritten notes.
- Then, using all your handwritten notes, write your report.
- Write 120—140 words.
- Write on the Answer Sheet.

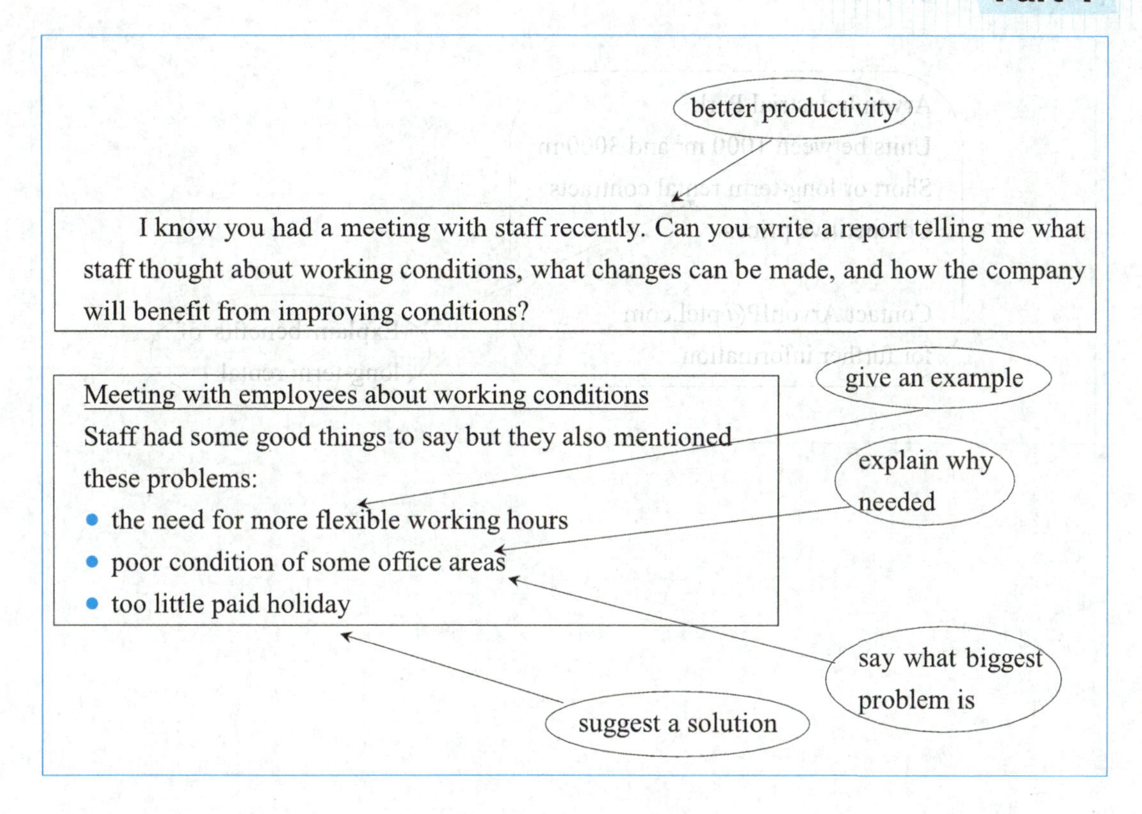

IV.

Part Two

- You are the manager of Arvon Industrial Park and you have just received the letter below from FNT Ltd, a potential customer.
- Look at the information below, on which you have already made some handwritten notes.
- Then, using all your handwritten notes, write a letter of reply to FNT Ltd.
- Write 120—140 words.

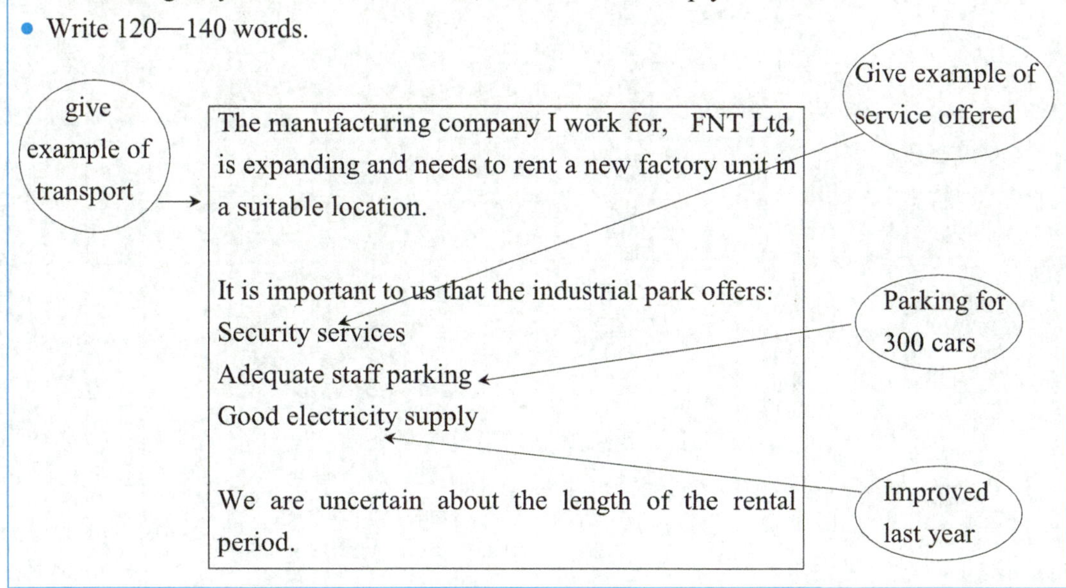

Arvon Industrial Park
Units between 1000 m^2 and 3000 m^2
Short or long-term rental contracts
Competitive prices

Contact ArvonIP@ptel.com
for further information

Explain benefits of long-term rental

高等学校英语应用能力(AB级)考试作文
(Writing Styles in Practical English Test for Colleges Band A & B)

《高职高专教育英语课程教学基本要求》明确规定，高职高专英语教学以培养学生实际运用语言的能力为目标，突出教学内容的实用性和针对性。同时为了达到《基本要求》所规定的教学目标，教育部颁布了《高等学校英语应用能力考试大纲》。高等学校英语应用能力考试是为了检验高职高专学生是否达到所规定的教学要求而设置的考试。本考试以《基本要求》为依据，既考察语言知识也考察语言技能，既考察一般性语言内容也考察与涉外业务有关的应用型内容。因此考生备考也应以英语语言技能和涉外业务能力的提高为中心。

高等学校英语应用能力考试(AB级)写作要求及评分标准
(Requirements and Grading Criteria)

考虑到目前我国高职高专学生英语入学水平的现状,《基本要求》将教学要求分为A级和B级,相关考试也相对应地分为A级考试和B级考试。修完《基本要求》A级规定的全部内容,学生可参加A级考试;修完《基本要求》B级规定的全部内容的学生可参加B级考试。

1. 考试大纲对AB级写作的要求 (Syllabus Requirements)

AB级考试写作部分得分占总分的15%,测试时间为25分钟。考试内容要求和剑桥商务英语BEC写作一样也具有一定的交际性。但是两者之间的考试要求略有区别。AB级考试的具体内容请看下表:

A级写作要求	测试考生套写应用型短文、信函、填写英文表格或翻译简短的实用型文字的能力。包括应用型文字(摘要、通告、信函、简历表、申请书、协议书等)翻译。本部分的得分占总分的15%,测试时间为25分钟。
B级写作要求	测试考生套写应用型短文、填写英文表格或翻译简短的应用型文字的能力。包括便条、通告、简短信函、简历表、申请书等。本部分的得分占总分的15%,测试时间为25分钟。

可见,AB级考试都侧重模拟套写、填写或者翻译简短的英语应用文。具体要求及其区别除上面表格所表述的内容外我们将在历年试题解析中详述。

2. 评分原则和标准 (Grading Criteria)

本考试按综合方式评分,根据整体印象给分,以考生应得分数评定。满分为15分,共分为5个等级,即2分、5分、8分、11分、14分。如果作文的得分高于或低于某一个等级分,则应加1分或者减1分。例如,高于5分者可给6分,低于5分者可给4分。如果不按题目要求写作或语言表达完全无法理解,则给0分。字数不够相应扣分,每少10个字扣1分。各等级具体要求如下:

14分:知识点覆盖全。格式正确,内容完整,表达清楚,语言准确,语域恰当。语法、拼写、标点正确。

11分:主要知识点覆盖全。次重点允许漏掉1—2个。格式基本正确,内容较完整,表达尚清楚,语言有一些错误,语域恰当。语法、拼写、标点有些错误。

8分:漏掉了部分知识点,但内容大体完整,表达可被勉强理解,语言不太准确,格式和语域基本合理恰当。语法、拼写、标点不很正确。

5分:格式勉强说得过去,内容不完整,表达有很大困难,语言有很多错误,有些是严重错误。

2分:格式不正确,内容表达不清楚,语言错误太多,未能传达信息给读者。

3. 历年试题解析（Examination Paper Analysis）

从2000年到2008年，高等学校英语应用能力考试中的写作试题涵盖了一系列写作应用文文体。下面是近几年AB级考试中应用文写作的基本情况：

考试时间	考题类型	内容要求
2008年12月A级	备忘录	生产部经理通知全体工作人员相关事宜
2007年12月A级	通告	通告所有员工参加会议及内容
2006年12月A级	邀请信	邀请人事部经理参加人事管理研讨会
2006年12月B级	留言表	以酒店前台工作人员的名义填写来访客人留言表
2006年6月A级	备忘录	部门经理通知部门人员注意产品质量
2006年6月B级	备忘录(内部通知)	以销售部经理的名义给本公司其他部门经理写一个内部通知
2005年6月A级	催款信	希望尽快支付货款
2005年6月B级	问卷调查表	根据要求填写酒店服务情况的问卷调查表，并提出建议
2005年1月A级	询价信和报价信	想买一台激光打印机，要求卖方申明该机器的价格、售后服务及折扣待遇等，对此信进行报价
2005年1月B级	广告	根据所提供中文信息填写广告
2004年6月A级	征稿启事	以某公关部门名义向该公司的员工征稿
2004年6月B级	求职信	给一家公司写一封自荐信，希望得到总经理秘书一职
2003年12月A级	电子邮件	以电子邮件的形式来预订房间
2003年12月B级	申请表	介绍自己目前学历、学英语的目的及经历等
2003年6月A级	通告	说明活动时间、事由和活动内容
2003年6月B级	邀请信及回信	邀请朋友来度假及朋友的回信
2002年12月A级	招聘启事	一家电器公司招聘一名销售经理
2002年12月B级	简历	介绍个人基本信息及应聘职位——计算机程序员
2002年6月A级	给请求信回信	给一名请求赞助的校长回信，表示明年才可考虑赞助的问题
2002年6月B级	通知	通知大家某著名教授要来做一次演讲
2001年12月A级	投诉信	新买的相机照不出相，要求退款、退货
2001年12月B级	申请表	根据所给信息填写一份申请表
2001年6月A级	通知	以公关部名义通知员工为庆祝公司成立15年献计献策
2001年6月B级	通知	以行政办公室的名义写一份通知，要求部门负责人出席，讨论财务规划，并上交一份建议书
2000年12月A级	征稿启事	向社会各界征集英文稿件
2000年12月B级	请求信	请人去机场接一位朋友，并帮助她做一些必要安排
2000年6月A级	招聘广告	拟写一份招聘广告，写明应聘职位、职责及条件
2000年6月B级	商务信件	给合作伙伴的普通商务信件

通过分析以上表格可以看出，信件的写作一直是该考试中应用文写作所占比重最大的一类。所列近几年考试中几乎50%的试题中出现信件；可以预见，写信仍然会是今后的热点考题。通知、通告则是另外一类常考题型。这两类文体篇幅都不是很长，可以涉及广泛内容，因此设计拟写一份长度适中、难易适度的通知或者通告也是比较常考的文体。与考生未来求职信息相关的内容是另外一类比较热点的话题，比如：简历、求职信、聘请信及其回复、申请表、招聘广告或启示等。这不仅是在考查考生的语言应用能力，也是在测试考生在实际生活中的信息传递能力。因此，考生也应当围绕这些考试重点去准备考试。但是，通过其他非

重点考试题型我们可以看出，考试频率不高的考试题型也有可能出现。有人认为出现频率高的和从来未出现过的都是考试重点，这种看法也是很有道理的。下面我们以实考真题作为实例来加以分析。

下面是A级写作考题：

Directions: This part is to test your ability to do practical writing. You are required to write a letter of invitation according to the following information given in Chinese. Remember to do the task on the Translation/Composition Sheet.

说明：根据下列内容写一封邀请信。

- 写信日期：2008年2月1日
- 邀请人：张建国，东方集团公司人力资源部经理
- 被邀请人：人事部经理
- 事由：召开人事管理研讨会
- 主要内容：研讨新形势下人事管理的新模式和新方法
- 主题报告人：滨海大学管理学院吴琼教授
- 会议时间：2008年3月3—5日
- 会议地点：滨海市友谊宾馆
- 请与会人员在2月20日前将发言提纲寄送给东方集团公司人力资源部办公室。参加会议与否，请回复。
- 注意书信格式。

Words for reference:

人力资源部：Human Resources Department

研讨会：workshop

主题报告人：keynote speaker

试题分析：A级试题写作部分要求考生按照所给信息写作。正如前面表格所展现的一样，虽然要求所写文章体裁不一，但主要以应用文写作为主。写作要求基本没有太大变化：考试指令用中文给出，考生无需再组织相关背景信息，只要按照相关内容写出相应文体，按给出的情景表达其含义即可。所给出写作信息全部用中文并提供部分难点词汇。这里考查考生的写作能力首先侧重于信息的重组能力，考生需要了解如何安排信息，这需要考生认真学习后几章所讲述的的应用文写作所需考虑的基本问题。另一方面是考生的表达能力，尽管全部内容已经以中文给出，考生仍需要一定的写作能力将相关内容用英语详尽表达出来。可见，A级写作考试要求考生不仅具有应用文写作技巧还要具备相关英语语言表达能力。这一点我们在下面相关参考答案中可以进一步了解：

Dear Managers,

We are holding a workshop discussing personnel management from Mar. 3 to 5, 2008 at Friendship Hotel in Binhai City. The keynote speaker is Professor Wu Qiong from Management College of Binhai University. He will give a lecture on the new pattern and new methods of personnel management under the new situation. I would be pleased to invite you to attend the workshop. Please write back to inform whether you will attend the conference and if you will, please send your outline of speech to the Human Resources Department office of Dongfang Group Co. by February 20.

Yours faithfully,

Zhang Jianguo

Manager of Human Resources Department of Dongfang Group Co.

下面是B级写作考题：

Directions: This part is to test your ability to do practical writing. You are required to complete the English Questionnaire (问卷调查) Form based on the information given in Chinese.

说明：假定你是王明（中国籍），去海口旅游度假，于2005年6月10日入住白云宾馆3002房间，6月20日离店。临走时填写了一份问卷调查表。

内容如下：

1. 对酒店的总体管理感到满意；
2. 对酒店提供的各种服务感到满意；
3. 建议：

A）因酒店位于海边，交通又不方便，周围的商业设施也较少，建议酒店每天能提供免费班车，方便来海边度假的客人去市区购买所需商品。

B）建议酒店与相关公司联系，为住店客人提供租车服务。

Words for reference:

总体（的）	overall	商业（的）	commercial
班车	shuttle bus	相关公司	related company

QUESTIONNAIRE

To improve the quality of our service, we would be grateful if you would complete the following questionnaire.

Name:_________ Nationality:_________ Room number:_________

Check-in Date:_________ Check-out date:_________

- Did you receive polite and efficient service when you arrived? Yes
- Are you satisfied with the room of our hotel? _________
- What's your opinion of our health facilities? Good
- Please give your impression of our restaurant service: _________
- Have you any other comments to help us make you stay more enjoyable?

A)____

____

B) ______________________________

____

Baiyun Hotel
General Manager

试题分析：很明显，B级考试写作部分在写作具体要求方面和A级有所不同。A级要求考生根据所给信息将全部内容用英文表达出来；B级要求考生根据所给信息将相关问题的部分所欠缺内容填写到相应表格当中即可。相对而言所需书写内容信息量减少了许多。这一点和我们所看到的这几年的大部分真题情况相同。因此，B级写作试题的目的是考查考生用英文填写表格的能力和英语语言表达能力；同时还考查了考生的阅读能力，如果考生欠缺这方面的能力就不能理解相关信息，也就没有办法完成写作任务。比如上面的真题中，尽管其中有一部分只需考生填写Yes或No，考生必须以读懂前面的内容为基础。最后一部分应当也是考试的难点，考生需要将相关内容填写到相应位置。比如，上述B级真题表格中A和B部分参考答案如下：

A) Since the hotel sits on the seaside with poor traffic and insufficient commercial facilities, I suggest that the hotel offer free shuttle bus service so that guests can conveniently go downtown to buy some necessities.

B) I also suggest that the hotel get in touch with related companies so as to provide the guests with car renting.

由此可以看出，B级写作考试中必要的英语语言表达能力和A级的要求还是基本相当的。

高等学校英语应用能力考试(AB级)写作应对策略(Writing Strategy)

下面我们要讨论的表面上是考试应对策略，但实际上还是考生综合语言能力提高的问题，因为如果没有实际语言能力的提高，考试技巧的讨论也只是纸上谈兵而已。希望读者在了解下面的写作技巧和备考技巧的同时注意自身综合英语语言能力的提高。

1. 写作技巧(Writing Skills)

英语应用能力考试写作部分因考生教学要求相异而与其他考试的要求也有差异。该考试要求学生能够“套写、书写、填写或翻译”一些应用性文字。可见，它并不像其他诸如大学英语四级考试、剑桥商务英语BEC等考试中在写作测试中对整体篇章结构、段落衔接、语句衔接等方面的要求。英语应用能力AB级考试写作部分在写作技巧方面有所不同。

AB级写作考试应用文写作的特点和商务英语BEC考试不谋而合。除了注意商务英语应用文写作的简洁、完整和准确的特点外，考生还应当注意对试题要求所传递信息的表达方式。因为这一部分不是翻译试题而是写作试题，目的是将应当传递的信息准确无误地传递给对方，因此，写作过程中不能一味地针对汉语的写作指令逐字翻译过来，而是应当将大意表达出来并确保能让对方理解并按信息的要求去开展工作。

无论是实考试题A级题还是B级题，我们看到实考题参考答案样题中考生不会逐字翻译而是将大概含义表达出来，故此，这里不必再讨论翻译的技巧。关键是考生要将具体事件表达清楚。

2. 高分突破(Getting High Scores)

根据以上分析，我们认为获得高分主要从以下几个方面入手：

首先，认真阅读写作考试指令，保证覆盖所有知识点。如果考生有任何遗漏，就相当于没有完成写作任务，而在实际生活中产生这样的问题，就可能会造成一些不良的后果。

2.1 格式正确，语域恰当

考试过程中我们尽量运用我们熟悉的表达法来代替陌生的词汇和句型，不必为了炫耀自己的文笔而将应当表达的含义未表达出来。“清楚”、“准确”表达以达到写作目的是根本。因为AB级考试和BEC考试一样考查考生运用语言的能力，那么最重要的标志是看信息接收人能否接收到正确的信息。

2.2 语法、拼写、标点正确

考生应当注意一定要给自己留出检查语法、拼写等问题的时间，这是获得高分的关键步骤之一。

2.3 熟悉常见的应用文文体

这样更容易读懂考试中的考试指令，正确理解写作要求。

3. 备考技巧 (Preparations)

3.1 熟练掌握一些核心词汇及各类应用文中常用句型

我们在前面几个章节中已经为考生提供了部分简单易学的常用句型，它们不太受文体、语域的限制，可以在大多数情况下使用。如果能够背诵下来，然后灵活运用，可在考试中提高自己文章的分数档次，在日常生活或工作中则会提高自己的文体质量，从而使自己所写内容更正确、更专业。

3.2 苦练基本功

强调重视历年真题的考查重点，并不意味着可以忽视其他内容。正如前面所述，该考试往往会出现往年未曾考过的题型，因此，建议考生背诵一两篇各种类型的应用文经典范文，认真填写前面应用文写作模版中的短文，然后背诵一些模版中常用词汇和短语，最后再过渡到独立写作。从篇章、语法、词汇到拼写、标点，在日常学习中就应该对自己高标准、严要求。

总之，考试有规律可循，需要高度重视、认真准备。但提高自身综合英语语言能力是根本，这是极其浅显却又不应被忽略的道理。因此希望读者能够以平常心态准备考试，同时认真切实地为自己的综合英语语言能力的提高而努力。

练习 (Exercises)

I.

Directions: *This part is to test your ability to do practical writing. You are required to write an application letter according to the following information given in Chinese. Remember to do the task on the Translation/Composition Sheet.*

说明：根据以下内容写一份求职信。

1. 2008 年 10 月 10 日在《中国日报》看到贵公司招聘广告翻译。
2. 申请人：张硕，家住北京市海淀大街 10 号。毕业于北京外国语大学，获得英语文学学士学位；在一家合资企业做翻译两年，有一定工作经验。
3. 随函附上个人简历并期待回复。

Words for reference:

文学　literature

合资企业　joint venture

请注意书信格式。

II.

Directions: *This part is to test your ability to do practical writing. You are required to write an e-mail according to the following information given in Chinese. Remember to do the task on the Translation/Composition Sheet.*

说明：根据下列内容写一份电子邮件。

发件人：John Smith (js456@vip.263.com)

收件人：假日饭店(marketing@holidayinn.com)

发件时间:12 月 10 日

事由:

1. 因行程改变,取消 12 月 5 日以 John Smith 的名义在贵酒店预订的 12 月 12 日到 15 日的两个单人房间。
2. 表示歉意,并询问是否需要支付违约金。
3. 要求回信确认。

Words for reference:

违约金	cancellation penalty	假日酒店	Holiday Inn
以…… 的名义	in the name of	确认	confirm

E-mail Message

To:

From:

Date:

Subject: Cancelling of Hotel Booking

Dear Sir or Madam,

I am writing to inform you that ______________________________

____

____

____.

Yours faithfully,

John Smith

III.

Directions: *This part is to test your ability to do practical writing. You are required to write a memo* (内部通知) *according to the instructions given in Chinese. Remember to do the task on the Translation/Composition Sheet.*

说明:假定你是销售部经理 Albert Green, 请以 Albert Green 的名义按照下面的格式和内容给本公司其他各部门经理写一个内部通知。

主题:讨论 2007 年度第三季度的销售计划

通告时间:2007 年 6 月 16 日

内容:本部门已制定 2007 年第三季度的销售计划。将于 2007 年 6 月 19 日下午 1:00 在本公司会议室开会,讨论这一计划。希望各部门经理来参加。如不能到会,请提前告知本部门秘书。

Words for reference:

告知:notify　　提前:in advance

第三季度:the third quarter

IV.

假定你是某饭店的前台工作人员 Monica。根据以下内容填写来访客人留言簿。

内容：

__1__ 来访客人：王正奇，男，OBE 公司总经理助理；联系电话：75465488

__2__ 来访时间：12 月 22 日上午 10 点

__3__ 被访客人：Mr. Albert Smith，住酒店 633 房间

__4__ 事由：王正奇来酒店与 Mr. Albert Smith 商谈工作，Mr. Albert Smith 不在

__5__ 留言：王正奇约 Mr. Albert Smith 明天去 OBE 公司洽谈业务。王正奇明天上午 9:00 驾车来酒店接他；下午安排 Mr. Albert Smith 参观公司的一条新建成的生产线。

Words for Reference:

驾车接人：to pick sb. up　　　　生产线：assembly line

总经理助理：assistant to general manager

Holiday Inn

Visitor's Message

Mr./Ms. (1) Mr. Albert Smith　　Room No. ____(2)____

While you were out

Mr./Ms. ____(3)____

of ____(4)____　　Telephone (5) 75465488

□ Telephoned　　☑ Come to see you

□ Will call again　　□ Will come again

□ Asked you to call back

Message:

(6) ____

____

____

____

____

Clerk ____(7)Linda____　Date ____(8)____　Time ____(9)____

注意：请将要求填写在表格中的内容按顺序填入答题卡中的 Writing 部分并注明所填内容顺序号！

Part II

写作基础知识
(Fundamentals of English Writing)

英语句子
(English Sentence Writing)

英语基本句型和从句
(English Sentence Structure and Clauses)

1. 英语句子的种类(Types of English Sentences)

英语句子分类一般有两种:按照使用目的分类和按照句子结构分类。

1.1 按照使用目的分类有四种:

1.1.1 陈述句(Declarative Sentences):用来说明一个事实或是陈述说话人的看法。

例如:

This is a blue shirt and Tom doesn't like it. 这是一件蓝色衬衣,汤姆不喜欢。(事实)

She has gone home to New York. 她已经回纽约的家了。(事实)

You'd better do this right now. 你最好现在就做。(看法)

1.1.2 疑问句 (Interrogative Sentences):用来提出问题。英语有四种疑问句。

例如:

- Does he live here? 他是住在这儿吗?
  (一般疑问句 General Questions)
- What time are you going to finish it? 你几点能完成?
  (特殊疑问句 Special Questions)
- Do you want coffee or tea? 你想喝咖啡还是喝茶?
  (选择疑问句 Alternative Questions)
- He is a teacher, isn't he? 他是老师,对吧?
  (反意疑问句 Disjunctive Questions)

1.1 3 祈使句 (Imperative Sentences)：表示请求、命令、叮嘱、邀请、劝告等。

例如：

- Take some water!　喝点水吧！
- Have a seat!　请坐！
- Look out! Mind your head!　小心！当心头！

1.1.4 感叹句 (Exclamatory Sentences)：表示说话时的惊异、喜悦、气愤等情绪。

例如：

- What a beautiful day today!　今天真是个好天！
- Look the flowers! How lovely they are!　看看这些花，多漂亮！
- Wonderful!　太好了！

1.2 按照句子结构分类有三种：

1.2.1 简单句 (Simple Sentences)：如果一个句子只包含一个主谓结构，而句子各个成分都只用单词或短语表示，它就是简单句（无论句子长短）。

例如：

- I finished my breakfast quickly, picked my bag and rushed to the bus stop.
  我迅速地吃完早饭，抓起包就跑向汽车站。
- I have not seen the boss for two months.　我已有两个月没有见到我的老板了。
- My work has been overlooked by my boss.　我的工作努力一直没得到老板的重视。

1.2.2 并列句 (Compound Sentences)：如果句子包含两个或更多互不依存的主谓结构，就是并列句。并列句中的分句通常用一个并列连词来连接，也可用逗号或分号分开。

例如：

- Honey is sweet, *but* the bee stings.　蜂蜜好喝，但蜜蜂蜇人。（谚语）
- The new product is more reliable *and* people are willing to buy it.　新产品更加耐用，人们都愿意买它。
- You need to make a new design for your product, *or* your product is at a discount in this country.　你们必须对产品进行新的设计，否则我们国家将会降价销售。

1.2.3 复合句 (Complex Sentences)：复合句包含两个或更多的主谓结构，其中有一个主谓（或更多）结构充当句子的某一（些）成分，如主语、宾语、表语、定语、状语、同位语等。充当一个句子成分的主谓结构称为从句。由于在句子中的作用不同，从句可分为名词从句（主语从句、宾语从句、表语从句、同位语从句）、定语从句和状语从句等。

例如：

- We should never pretend to know *what we don't know*.
  我们切不可强不知以为知。（宾语从句）
- There is a man downstairs *who wants to see you*.　楼下有人想见你。（定语从句）
- *Where there is a will*, there is a way.　有志者事竟成。（谚语）（状语从句）

2.英语基本句型（Basic Sentence Patterns）

简单句主要由五种基本句型构成，千千万万的句子变化可以看作是这五种基本句型的扩展、省略、组合和倒装。这些基本句型的基本构成是主语+谓语的形式。谓语主要由动词充当。

2.1 主语+谓语(不及物动词 vi.)

这是英语句子结构中最简单也是最基本的句型。只有主语和谓语,因为谓语是不及物动词,所以不能带宾语。

例如:

- The crowds melted away. 人群渐渐散开了。
  主 谓
- My supervisor walked into the office. 我上司走进了办公室。
  主 谓
- She got up early in order to catch the first bus. 她起床很早,是为了能赶上首班车。
  主 谓
- He arrived after the president finished his speech. 总裁讲完话,他才到。
  主 谓
- The little boy can not speak. 这个小男孩还不会说话。
  主 谓

2.2 主语+谓语(及物动词 vt.)+宾语

英语的宾语可以用名词、代词、数词、动名词、不定式、复合结构和从句等来表示。

例如:

- He suggested several schemes. 他提出了几个方案。
  主 谓 宾(名词)
- The backwardness shocked me. 那里的落后状态让我震惊。
  主 谓 宾(代词)
- I have five. 我有五个。
  主 谓 宾(数词)
- Tom said he had some difficulty with the job. 汤姆说这个工作有点困难。
  主 谓 宾(从句)
- I enjoy working with so many great people here.
  主谓 宾(动名词短语)
  我喜欢在这里和这么多有能力的人一起工作。

2.3 主语+系动词+表语

这类句型主要表示主语的特征、类属、状态、身份等。名词、代词、数词、形容词、分词、动名词、不定式、副词、介词短语、词组和从句都可以用来做表语。

例如:

- These reports are on the table over there. 那些报告都放在那里的桌子上。
  主语 系动词 表语(介词短语)
- He looks very happy today. 他今天看上去很高兴。
  主 系动词 表语(形容词)

- My boss has become interested in English. 我老板对英语感兴趣了。
  主语 系动词 表语(形容词)
- Time is flying. 时间飞逝。
  主 系 表语(动名词)
- Hard work and honesty are the keys to success. 努力工作和诚实是成功的秘诀。
  主语 系 表语(名词)

【注】英语中最常见的系动词如下:

be, feel, look, sound, taste, smell, seem, appear, become, grow, get, turn, fall, go, come, run, remain, continue, stay 等。

2.4 主语+谓语(及物动词)+间接宾语+直接宾语

英语的宾语主要分为两类:直接宾语和间接宾语。直接宾语表示动作的承受者或结果,而间接宾语表示动作是对谁做的。

例如:

- I have finished my report. 我已经完成了报告。
  直接宾语
- Please show me your passport. 请把护照给我看一下。
  间接宾语 直接宾语
- My supervisor gave me a reference book. 我上司给了我本参考书。
  间接宾语 直接宾语
- I bought my father a present. 我给爸爸买了一个礼物。
  间接宾语 直接宾语
- The supervisor showed the new salesmen how to write a report.
  间接宾语 直接宾语
  上司告诉新销售人员如何写报告。

【注】间接宾语通常是和直接宾语一起使用构成双宾语,常接双宾语的动词有:give, show, send. bring, offer, pass, lend, leave, hand, tell, return, write 等。

2.5 主语+谓语(及物动词)+宾语+补足语

此类句型是英语复合宾语的一种形式。这个结构中的补足语部分是补充说明或表示宾语部分的状态、特性、身份等等。充当这种复合宾语结构中的补足语可以是分词、名词或形容词。

例如:

- We should paint the car black. 我们应该给这辆车喷上黑色。
  宾语 补足语(形容词)
- He persuaded the boss to sign the contract. 他说服老板签订这个合同。
  宾语 补足语(不定式)
- The boss made the workers work long hours. 老板让工人们长时间地工作。
  宾语 补足语(省略 to 的不定式)
- I heard someone singing next door. 我听见隔壁房间有人在唱歌。
  宾语 补足语(分词)

【注】常接复合宾语的动词有:call, name, make, elect, appoint, nominate, think, find, consider, count, leave 等等。在 make, let, have, see, hear, watch, notice, feel 等动词后的复合宾语中,不定式都不带 to。

以上这些句子结构都是英语句子最基本的结构。只有准确地掌握好这些基本结构,并能正确地运用到写作中去,才能提高扩展和补充句子的其他成分的能力,从而使句子结构多样化,丰富写作的表达方式。

练习(Exercises)

I. Translate the following sentences into Chinese.

1. Flowers smell sweet.
2. Rivers run dry.
3. The earthquake sounded like a train that was going under my house.
4. We must keep fit.
5. After years of practice, Einstein's Theory of Relativity proved right.
6. She sat motionless, full of fear.
7. The language spoken in these places stayed the same.
8. Great changes have taken place in my school.
9. The teacher came in, followed by some students.
10. I was sitting in front of the platform, waiting to make my first speech.
11. The children started to sing.
12. You must remember to post the letter.
13. Both sides agreed on the date of the meeting.
14. She couldn't keep back her tears.
15. We made her monitor of our class.
16. We found the little girl crying in the street.
17. We elected him secretary of the League branch.
18. I remember I made it quite clear to you that I was not coming.
19. They deemed it a sheer waste of time arguing about it.
20. Do you consider it any good sending more people over?

II. Translate the following sentences into English.

基本句型一:主语+谓语(不及物动词)

1. 食物夏天很容易变坏。
2. 天变得越来越冷了。
3. 这消息很快传遍了全公司。
4. 他在课堂上睡着了。
5. 他们不赞成。
6. 我们盼望着这一天。

基本句型二:主语+谓语(及物动词)+宾语

1. 这个小公司特别需要帮助。
2. 你学的是什么语?

3. 她几乎不知道怎么处理这个问题。
4. 他们决定早点出发。
5. 你们得出什么结论没有？
6. 我记得上星期寄出了这封信。

基本句型三：主语+谓语（系动词）+表语

1. 我爸爸妈妈都是老师。
2. 她今天感觉不舒服。
3. 我们必须保持身体健康。
4. 今天的乡村音乐仍然跟过去一个样。
5. 我们得走了。
6. 我的梦想终于实现了。

基本句型四：主语+谓语（及物动词）+ 间接宾语+直接宾语

1. 他给了我一张美丽的卡片。
2. 请出示您的护照。
3. 医生建议她动手术。
4. 他们热情地接待了他。
5. 老板只给了我们两个小时收拾行李。
6. 我希望你能帮我做一件事。

基本句型五：主语+谓语（及物动词）+宾语+补足语

1. 我们推举他做了市场部经理。
2. 你没有注意到他进了这个房间吗？
3. 我们必须保持室内清洁。
4. 他们发现他很适宜做这项工作。
5. 我们一切都准备好了。
6. 我们将让你对一切损失负责。

3. 从句 (Clauses)

复合句包含两个或两个以上的主谓结构。其中一个主谓结构是全句的主体，表达一个主要思想，称作主句；另外一个或几个主谓结构充当主句里的一个成分，表达一个或几个次要思想，称作从句。从句大致可分为以下三种类型：名词性从句（主语、宾语、表语、同位语从句）、定语从句（形容词从句）和状语从句（副词从句）。

3.1 名词性从句

在复合句中起名词性作用的各种从句，统称为名词性从句。名词性从句包括主语从句、表语从句、宾语从句和同位语从句。

3.1.1 主语从句

从句在句中做主语叫主语从句。它的位置一般在句首。

- *What I want to learn* is how to write a report. 我要学的就是如何写报告。
- *Whatever was discussed here* must be put into the draft of the sales plan.
  所有在这里讨论的内容都应该写进销售方案的草稿里。

- *Whoever says that* is wrong.　不管是谁说的都是错的。
- *When we shall have the salesmeeing* is still a question.
  我们还不清楚什么时候开销售会议。

【注】该主语从句既可以放在句首,也可以放到句子后部去。

- It is still a question *when we shall have the salesmeeting*.
  我们还不清楚什么时候开销售会议。
- *Whether he will join us* won't make too much difference.　他来不来都没关系。

【注】该主语从句既可以放在句首,也可以放到句子后部去。

- It won't make too much difference *whether he will join us*.　他来不来都没关系。

当主语从句较长时,为了使句子前后平衡,常把主语从句移至句子后面,而用 it 做形式主语。常见的使用 **it** 做形式主语的句型有以下四种:

1) **It+**系动词+表语(形容词)+ **that** 从句

- *It is obvious* **that** practice makes perfect.　很明显,熟能生巧。
- *It is important* **that** the problem should be settled right away.
  重要的是问题必须马上解决。
- *It is possible* **that** you could speak English well if you practice more.
  如果你加强训练,你是可以把英语说得很好的。

【注】常用的形容词有:important, certain, clear, possible, strange, true 等。

2) **It +be+**名词词组**+that** 从句

- *It's a truth* **that** they don't know how to solve the problem.
  真相是他们根本就不知道如何解决这个问题。
- *It is a fact* **that** English is being accepted as an international language.
  事实是,英语已经被人们当做国际语言了。
- *It is a pity* **that** we missed out the important speech.
  非常遗憾,我们错过了这个重要的演讲。

【注】常用的名词词组有:a pity, a shame, a fact, an honour, good news 等。

3) **It + be+**过去分词 **+that** 从句

- *It is said* **that** the company has developed a new product.
  据说该公司研发了新产品。
- *It is told* **that** he had a new job in that big company because of his excellent English.
  听说他在那家大公司找到了一份新的工作,就是因为他的英语很好。
- *It is argued* **that** we should not use private cars in the down town of the city.
  有人主张我们不应该在市中心驾驶私家车。

【注】常用的过去分词有:said, reported, hoped, believed, expected, decided 等。

4) **It +seem(s) / happen(s) +that** 从句

- *It happened* **that** I was on the business trip to the UK that day.
  凑巧我那天去英国出差了。
- *It seems* **that** no one has any objection to the idea.
  似乎没有人反对这个建议。
- *It seems* **that** it is impossible to reach the goal.
  达到这个目标似乎是不可能的。

3.1.2 表语从句

在句中做表语的从句叫表语从句。它位于主句中的系动词之后。常用 that, what, as if 等连接副词或代词引导。

例如：

- The important question is *whether they will arrive there on time.*
  重要的问题是他们是否按时到达那里。(whether 引导)
- The news is *that the two companies have signed the important contract.*
  有消息说这两家公司已经签订了这个重要的合同。(that 引导)
- Closer cooperation is *what we need at the moment.*
  我们目前所需要的就是密切合作。(what 引导)
- This is *where the shoe pinches.*
  这就是问题症结所在。(where 引导)
- It looks *as if it is going to rain.*
  好像要下雨。(as if 引导)

3.1.3 宾语从句

在句中做宾语的从句叫宾语从句。这类宾语从句往往是由连接代词或副词引导,但要使用陈述句的语序。常用的宾语从句有以下几种：

- I *remember* **when** things weren't sailing smoothly for me that time.
  我仍然记得那段不太顺利的时光。(及物动词+宾语从句)
- Don't you want to say anything *about* **how** the project should be done?
  你不想谈谈如何进行这个项目吗? (介词+宾语从句)
- I made *it clear* to them **that** they must finish their tasks by tomorrow.
  我很清楚地告诉他们明天必须完成他们的工作。(形式宾语 it +宾语补足语 +宾语从句)
- I will *see to it* **that** everything is ready in time. 我负责使一切都按时准备好。(动词短语+形式宾语 it+宾语从句)
- My boss *is certainly sure* that the company will have a good future for its business.
  我们老板对公司的前景非常有信心。(系动词+形容词+宾语从句)

【注】此类句型常用的形容词有：sure, certain, glad, happy, sorry, afraid 等。

3.1.4 同位语从句

一个名词或代词后面有时候可以跟一个名词(或起类似作用的其他成分),对前者做进一步的解释,说明它指的是谁、是什么等,这个名词叫做同位语。而一个从句在句中做同位语就叫做同位语从句。同位语从句一般接在 fact, idea, news, suggestion, hope, thought, explanation, message, proof, guarantee, question, story, order, evidence 等能包含内容的名词的后面。引导同位语从句最常用的是连词 that。

例如：

- The *news* **that** he intended to come gave us much pleasure.
  他将要来的消息让我们非常高兴。
- We have to face the *fact* **that** our future was less than bright.
  我们必须面临一个事实,那就是我们的未来不妙。

- I had the *impression* **that** she did a great job for that contract.
  我有印象，她为那个合同做了很多工作。

【提示】1. 在写作中如果用到名词性从句，应注意以下几点：

(1) 连接词的正确使用。

(2) 名词性从句无论做主语、表语、宾语或同位语均不能与主句用逗号隔开。

(3) 主语从句如果过长可先用形式主语 it。

【提示】2. 在写作中如果用到同位语从句，应注意以下几点：

(1) 同位语从句须用 that 引导。

(2) 同位语从句有别于定语从句，同位语从句是用来说明先行词 that 的具体内容的。

(3) 同位语从句有时可不紧跟在它所说明的名词后面。

练习 (Exercises)

I. Translate the following sentences into Chinese.

1. What they are after is profit.
2. Whatever was said here must be kept secret.
3. Whoever fails to see this will make a big mistake.
4. It's not your fault that this has happened.
5. It doesn't seem likely that she will be here.
6. It occurred to him that he had forgotten to take his notebook with him.
7. When they will come hasn't been made public.
8. Whether he will join us won't make much difference.
9. What surprised me was that he spoke English so well.
10. Who will chair the meeting hasn't been decided yet.
11. That she's still alive is sheer luck.
12. That the conversation was upsetting John became obvious.
13. Whether we need it is a different thing.
14. That it was done deliberately is quite clear.
15. It remains unknown when they are going to get married.
16. What you said is not important.
17. The fact that he has not been seen recently disturbs everyone in his office.
18. Whether the plan is feasible remains to be proved.
19. Let us know whether / if you can finish the article before Friday.
20. They are investigating the question whether the man is trustworthy.

II. Translate the following sentences into English.

1. 这就是他为什么生气的原因。
2. 这正是他们所需要的。
3. 问题在于他是否乐意接受这个建议。
4. 天看起来好像要下雪。
5. 他来不来都没关系。
6. 他说的全是真的。
7. 妈妈准备怎样做这件事仍是个谜。
8. 我喜不喜欢他并不重要。
9. 他成功的消息对我是极大的鼓舞。
10. 老师对我做的事情非常满意。
11. 不知道你是否能帮助我。
12. 我迟到的原因是我起床晚了。
13. 我根本不知道他去了哪里。
14. 他肯定来参加晚会。
15. 问题是我们能否准时完成任务。
16. 毫无疑问,他有资格担任这份工作。
17. 约翰说他星期三要到伦敦去。
18. 事实是近来谁也没有见过他。
19. 问题在于我们是否应该借钱给他。
20. 很遗憾你错过了那场音乐会。

3.2 定语从句

英语的定语是用来修饰名词的,既有前置定语,也有后置定语。英语的形容词、代词、数词、名词或名词所有格、介词短语、不定式短语、分词短语、副词、词组或合成词以及从句都可以做定语。请看下列句子中定语的位置:

- He is a *young* boy. 他是一个小男孩儿。
  (形容词做定语,放在被修饰的名词前面)
- He is a boy *from the UK*. 他是一个来自英国的男孩儿。
  (介词短语做定语,放在被修饰的名词后面)
- He is a boy *enjoying playing magic games*. 他是一个喜欢玩魔术的男孩子。
  (分词短语做定语,放在被修饰的名词后面)
- This is the magazine *to be read* by those interested in natural science.
  这是一本对自然科学感兴趣的人们喜欢看的杂志。
  (动词不定式做定语,放在被修饰的名词的后面)
- This is the magazine *which was sent to me by mail*. 这是一本邮寄给我的杂志。
  (从句做定语,放在所修饰的先行词之后)

定语从句一般放在它所修饰的名词之后,由关系代词 who, whom, whose, which, that 或关系副词 when, where, why, how 等引导。

定语从句有限定性和非限定性之分。限定性定语从句是先行词不可缺少的定语,否则主语就不完整，从句和主句的关系十分密切，不用逗号与主句隔开。非限定性定语从句对被修饰的名词起附加说明作用，即使去掉，主句的意思仍然完整；从句与主句之间常用逗号分开，所用的关系代词与限定性定语从句基本相同，但不能用关系代词 that。

例如：

- She went back home to China to take care of her mother **who** was seriously ill.
  她回中国照顾生重病的母亲了。
- Please tell me the name of the girl over there **whose** dress is black.
  请告诉我那个穿黑色裙子的女孩是谁。
- The few pints **which** the president stressed in his speech are very important to the development of the company.
  总裁在讲话里强调的几个要点对公司的发展很重要。
- I will remember the day **when** I first came to China.
  我将会记住我第一次来中国的日子。
- They will send their children to the University of Cambridge, **where** the children will receive better education. 他们将要把孩子们送到剑桥大学接受更好的教育。
- She heard a lovely and peaceful music, **which** made her feel calm down. 她听到了一段美妙的音乐，这可以使她平静下来。
- The clock struck thirteen, **which** made everyone laugh. 这个钟敲了十三下，这让大家都笑了起来。

【注】that 和 which 的区别：

先行词为不定代词(all, everything, nothing, something, anything 等)，或先行词被形容词、序数词所修饰时，关系代词只能用 that，不能用 which，而且 that 可以省略。

例如：

- Is there anything (**that**) I can do for you? 有什么我可以帮你的吗？
- That's all (**that**)they would like to tell you. 这就是他们想要告诉你的。
- The next book **(that)** you must read is about information technology. 你要读的第二本书是关于信息技术方面的。
- This is the most difficult task **(that)** I have ever done. 这是我做过的最难的工作。
- He is the last person (**that**) I want to see. 他是我最不想见的人。

【提示】：在写作中如果用到定语从句，应特别注意以下几点：

1. 使用正确的关系代词和关系副词。
2. 使用正确的限定性和非限定性定语从句。

练习(Exercises)

I. Translate the following sentences into Chinese.

1. That was the book which I bought for my sister.
2. Those who want to join the language training course should give their names to the training centre.
3. Pleases pass me the book which is entitled *The Management Strategy*.

4. This is the magazine which has been read by millions of people.
5. This note is left by John, who was here a moment ago.
6. The car (which/that) I rented had a problem 5 miles away.
7. The travelers who/that knew about the floods took another road.
8. The wine which/that was in the cellar was all ruined.
9. This book, whose author is a woman of eighty, is very amusing.
10. The driver, whom I had never seen before, insisted that he knew me.
11. As everybody can see, great changes have taken place in China.
12. *Titanic* is one of the most wonderful movies that have been produced in Hollywood.
13. As is known to us, Taiwan belongs to China.
14. October 1, 1949 was the day when the People's Republic of China was founded.
15. I'll never forget the day when I left my home town 20 years ago.
16. Can you tell me the reason why he had to be transferred to another company?
17. After living in London for 10 years, he returned to the town where he grew up as a child.
18. I have the same book as you have.
19. The person you contacted five minutes ago is the president of the company, who has been living in this country for ten years.
20. The war, which had gone on for more than ten years, was over.

II. Translate the following sentences into English.

1. 这是我们去年夏天参观过的农场。
2. 我决不会忘记在北京度过的那些日子。
3. 这台机器是王先生设计的，他的父亲也是工程师。
4. 我丢失的那辆自行车已经找到了。
5. 我见到的那位男子告诉我今天回来。
6. 你随便什么时候来都行。
7. 他住在一家乡村旅馆，他姐姐在那里工作。
8. 长城是吸引大批游客的世界伟大建筑之一。
9. 想参加英语晚会的人于下午7点半在校门口集合。
10. 昨晚你见到的那个人是市场部经理，他工作非常努力。
11. 这就是我们昨晚上要找的那个主任。
12. 请把那个绿皮的项目计划书递给我。
13. 就是这本书，它已经被翻译成多种文字了。
14. 有什么我可以帮你的吗？
15. 我们要做的第一件事就是要制定一个计划。
16. 这是我读过的最有意思的故事。
17. 这是我最不想做的事。
18. 她听到了一段美妙的音乐，这可以使她平静下来。
19. 这家银行的纽约分行是由一位英国人负责的，他的妻子是意大利人。
20. 我们把去总部的时间推迟到了下个星期，那时我们可能不会太忙。

3.3 状语从句

在句中做状语的从句叫做状语从句。状语从句修饰主句中的动词、形容词、副词等。状语从句用陈述句的语序，一般位于复合句的句首或句末。当从句在句首时，从句后常用逗号和主句隔开。状语从句根据其在从句中的不同作用分别表示时间、地点、原因、目的、结果、条件、比较、让步、方式共九种。

3.3.1 时间状语从句

常用的从属连词有 when, while, whenever (no matter when), as, before, after, since, ever since, till(until), as soon as, the moment, the minute, hardly ... when, no sooner ... than, each time 等。

例如：

- **When** I was seventeen, I was sent to America to study at a university in New York.
  我 17 岁时，家里把我送到美国纽约读大学。
- **While** he was talking to his friend on the phone, he saw his mother trying to put something up to the table.
  他在打电话同朋友聊天时，看见妈妈正在费劲地把什么东西放到桌子上。
- **No sooner** had he seen the boss **than** he ran away. 他一看到老板就跑开了。

3.3.2 地点状语从句

常用的从属连词有 where, wherever 等。

例如：

- My city lies **where** the Yangtze River and the Han River meet.
  我家乡位于长江和汉水汇合处。
- **Wherever** she goes she would do her best to give help to others.
  无论她到哪儿，她都会尽力去帮助别人。
- **Everywhere** we went, we were kindly received. 无论我们到哪儿，都受到了友好的接待。

3.3.3 条件状语从句

常用的从属连词有 if, unless, as, so long as, suppose that, in case, provided (that), on condition that 等。

例如：

- The bell will ring **if** there is a fire. 如果着火了，这个铃就会响。
- We will let you use this computer **on condition that** you don't play games on it.
  如果你不玩游戏，我们可以让你用电脑。
- **As long as** we don't give up, we will find a way to solve the problems.
  只要我们不放弃，就能找到解决这些问题的方法。

3.3.4 原因状语从句

常用的从属连词有 because, as, since, not that 等。

例如：

- I didn't come **because** I was ill. 我没来，是因为我病了。
- **Not that** I dislike the work, but that I have no experience with this kind of work.
  我不是不喜欢这个工作，而是没有这方面的工作经验。
- **Since** no one says NO to it, we will adopt this plan.
  既然没有人反对，我们就可以通过这个方案。

3.3.5 让步状语从句

常用的从属连词有 though, although, even if, even though, however（no matter how）, whatever(now matter what), whoever(no matter who), wherever, whenever, as 等。

例如：

- **Although** he is young, he knows quite a lot. 尽管他很年轻，但他知识渊博。
- We will carry out the project **whether** we can get help from other companies.
  不管能否得到其他公司的帮助，我们都要把这个项目进行下去。
- **No matter** how good it is on paper, we need to see what is going to happen in practice.
  无论纸面上写得多么好，我们都要看它是否实用。

3.3.6 方式状语从句

常用的从属连词有 as, just as, as if 等。

例如：

- He has changed it as I suggested. 他已经按我说的修改了。
- She stood at the door **as if** she were waiting for someone.
  她站在门口，好像在等什么人。
- When at Rome, do as the Romans do. 入乡随俗。（谚语）

3.3.7 目的状语从句

常用的从属连词有 so that, in order that, lest, in case, for fear that 等。

例如：

- I hurried out **so that** I wouldn't be late for the morning meeting.
  我急忙跑出门去，这样我才能赶上公司的早会。
- We delivered them by air **in order that** they might arrive in good time.
  我们用航空来运输，这样才能按时到达。
- Our company must sign the contract with them **lest** we will lose a great chance to develop new products.
  我们公司一定要签这个合同，否则我们就失去了一个研发新产品的好机会。

3.3.8 结果状语从句

常用的从属连词有 so .... that, such ... that, so that 等。

例如：

- This meeting room is **so** big **that** it can seat about 100 people.
  这个会议室很大，能容纳 100 人。
- They left in **such** a hurry **that** they forgot to take the report with them.
  他们走得很急，忘记带报告了。
- She didn't make the plan, **so that** she could not finish the work very well.
  她没做计划，结果没能很好地完成任务。

3.3.9 比较状语从句

常用的从属连词有 than, as...as, not so ... as 等。

例如：

- They have not done **as** much **as** they should do.
  他们没能做得像他们应该做的那样多。

- You know **as much** about that **as** he does. 这件事你知道的和他所了解的一样多。
- The project was completed earlier **than** we had expected.
  这项工程完成的比我们预计的要早。
- The situation in the company is far **more** complicated **than** you could imagine.
  公司的状况比你想的复杂多了。
- **The harder** you work, **the greater** progress you'll make. 你越努力,进步就越大。

【提示】1. 在写作中如果用到比较结构,应特别注意以下几点:
(1) 比较结构的前后对称;
(2) 同级的比较;
(3) 修饰词的位置;
(4) 比较级的重叠;
(5) 比较对象的重叠;
(6) 不合逻辑的比较。

【提示】2. 使用形容词最高级时应特别注意以下几点:
(1) 定冠词的使用;
(2) 比较的范围;
(3) 最高级的修饰语。

练习(Exercises)

I. Translate the following sentences into Chinese and tell what kind of adverbial clauses they are.

1. Since no one is against it, we'll adopt the proposal.
2. I remembered the whole thing as if it happened yesterday.
3. Through these long power lines, electricity goes where it is needed.
4. It is only when one is ill that one realizes the value of health.
5. Considering that they are just beginners, they are doing quite a good job.
6. Seeing he refused to help us, there is no reason why we should now help him.
7. They took a rest after they had finished their work.
8. Since he was too lazy, he was fired./ He was too lazy, so he was fired.
9. Wherever you work, you must always serve the people heart and soul.
10. Although she is young, she knows a lot about science.
11. You are such a nice person that I could not hurt you anymore.
12. In one's home one can act however he wishes.
13. The company is selling shares of stock in order that it can get money to expand.
14. This job is so much harder than my last one that I've decided to quit.
15. She loves Chinese culture so much that her hobbies are Chinese painting and Beijing Opera.
16. So many people are talking loudly here that I could not hear a word from the speaker on the stage.

17. Run or else you will be late.
18. We should start early so that we might get there before noon.
19. The beauty of the place is more than I can describe.
20. You must not be conceited even if you've achieved great success.

II. Translate the following sentences into English and tell what kind of adverbial clauses they are.

1. 你在哪里看到的哪个人?
2. 直到再三考虑了这个问题,他才发言。
3. 我们早点动身,以便准时到达那儿。
4. 泰勒先生是我所见过的最出色的教师。
5. 他无论走到哪儿都带着相机。
6. 万一有什么困难,请给我们一个信儿。
7. 茶、咖啡和柠檬水,你最喜欢哪一种?
8. 她由于健康不佳而辞职。
9. 既然他有病,就不可能来了。
10. 在世界各国的首都中,曼谷是我最想访问的。
11. 虽然我们缺少人力,我们还是要按时完成这项工作。
12. 无论你说什么,我都不会同意的。
13. 我正是照你所说的那样做的。
14. 我和他感觉不一样。
15. 约翰比班上其他任何男孩都刻苦。
16. 这个公司正在发行股票,以筹集更多的发展资金。
17. 他工作得又快又好,结果他提前完成了工作。
18. 她气得说不出话来。
19. 由于天气好,我们决定外出郊游。
20. 既然她不舒服,我们就不要叫她和我们去了。
21. 今年的天气比去年冷得要早。
22. 如果明天天气不错,我们就去野餐。
23. 新房子和旧房子式样不同。
24. 她英语说得和她母亲一样流利。
25. 这本词典与那本词典一模一样。
26. 一等安排好,我就通知你。
27. 他也许是公司里最忙的人。
28. 三个男孩中,比尔最聪明。

常见错误分析
(Common Errors)

中国学生在书写英语句子时经常出现的语法及句法错误如下：主谓不一致、单复数混用、时态错误、语态错误、多个动词谓语、非谓语动词的错误使用、语序和词汇的不当使用、中国式英语、句子逻辑关系混乱、句子意义表达不完整等，归纳起来有以下四方面：句法结构错误、语法错误、词汇错误以及中国式英语。

1. 句法结构错误 (Sentence Structure Problems)

1.1 串句 (Run-On Sentences)

所谓串句是指把两个或更多的独立分句合并成一个句子，却没有适当地用连接词或标点符号断开，使句子成分之间缺少应有的逻辑关系。英语句子的结构不同于汉语句子的结构，如果一个句子包含两个或更多的相互独立的主谓结构，这样的句子叫并列句，而英语的并列句通常需要一个并列连接词连接。如果是一个复合句，主句和从句的逻辑关系通常也是由从属连词连接的。

由此可见，在用英语写作时，要注意句子之间使用连接词，否则句子的逻辑关系就不清楚。

例如：

- 误：He is over 60, he keeps swimming in winter.

  正：**Although** he is over 60, he keeps swimming in winter.

  尽管他已经 60 岁了，但他还继续冬泳。

  点评：两个句子的关系是让步关系，所以需要表示让步关系的连接词。

- 误：People wish to improve their English, our company will have a free English training course.

  正：**Since/As** people wish to improve their English, our company will have a free English training course.　由于人们想提高英语，所以我们公司将举办一个英语培训课程。

  点评：显然两个句子的关系为因果关系，所以要加上表示因果关系的连接词。

- 误：Our company decided to run a free English tranining course, the length of the course is six months.

  正：Our company decided to run a free English training course, **and** the length of the course is six months.

  或者：Our company decided to run a free English training course. The length of the course is six months.　我们公司决定举办免费的英语培训课程。时间为六个月。

  点评：两句的关系是并列关系，前后没有任何修饰关系，所以两个并列句子之间要用并列连接词 and，也可以用句号隔开，成为两个独立的句子。

- 误：She is so scared , she can ' t move.

正：She is so scared **that** she can't move　她吓得一动不动。

点评：显然两个句子的关系为因果关系。其错误的原因是受了汉语的影响。所以要用英语的结果状语从句来表达这两句的关系。

- 误：It is fine today, we decide to go outing.

  正：**Because** it is fine today, we decide to go outing.　今天天气不错，我们决定出去。

  或者：It is fine today, so we decide to go outing.

  点评：其错误原因是受了汉语的影响，两个句子的前后关系为因果关系，所以需要用因果关系的连接词。

【提示】：至少有两种方式可以避免出现串句的问题。首先是要避免受汉语的影响，一定搞清楚两个句子之间的关系，然后使用恰当的连接词把两个句子连接起来。其次，如果确认两个句子是并列关系，可以用句号隔开。

1.2 残缺句(Fragmentary Sentences)

残缺句是指不能成为一个完整句子的残缺片断。

例如：

- 误：I wanted to find this book. But my school library does not have the book.

  正：I want to find this book, **but** my school library does not have the book.

  我想找这本书，但我们学校图书馆没有。

  点评：这是中国学生经常出现的一个错误。认为连接词前面一定是句号，忽略了前后两句的内在逻辑关系。如果 but 前面是句号，那么由 but 引导的句子意义就不完整，因为它的转折关系缺少上下文连接。

- 误：I want to learn English. Because English is very useful now.

  正：I want to learn English **because** English is very useful now.

  我想学英语，因为英语很有用。

  点评：because 引导的只是一个从句，不能单独使用，不能用句号与主句分开。

- 误：Someone who wants to see you.

  正：There is someone who wants to see you. 有人找你。

  点评：someone 后面接一个定语从句，只是一个片段，不是完整的句子。

- 误：Because I have to attend a meeting this afternoon.

  正：Because I have to attend a meeting this afternoon, I can't go shopping with you.

  因为我要去开会，所以不能跟你去买东西。

  点评：从句不能单独使用。

- 误：With the rapid development of economic, cars as a main vehicle in today's family.

  正：With the economic development, cars are regarded as a main vehicle in today's family.

  随着经济的发展，汽车已经成为了今天家庭生活的主要交通工具。

  点评：两个都是短语，不能构成句子。

1.3 悬垂修饰语(Dangling Modifier)

分词短语、形容词或动词不定式短语在句子中作为修饰语时，它们有逻辑意义上的主语。当修饰语的逻辑主语与主句的主语不一致时，就形成了悬垂修饰语的错误。悬垂修饰语的错误有四种情况。

例如：

- 误：Looking up at the sky, a bird was flying round the tree.

  正：Looking up at the sky, **he saw** a bird was flying round the tree.

  仰望天空，他看到小鸟在飞。

  点评：分词短语与句子主语不一致。状语中的分词短语 looking up 和主句中的主语 a bird 逻辑关系不一致。

- 误：To remain healthy, a balanced diet is needed.

  正：To remain healthy, **you need** a balanced diet.　为了保持健康，你需要合理的饮食。

  点评：不定式短语的逻辑主语与主句中的主语不一致。

- 误：At the age of four, my mother left me and went to another city.

  正：**When I was at the age of four**, my mother left me and went to another city.

  在我四岁的时候，妈妈就离开了我，去了另外一个城市。

  点评：介词短语与主句的主语逻辑关系不一致。把介词短语改为时间状语从句。

- 误：When left the train station, the train to Shanghai started to leave.

  正：When **we** left the train station, the train to Shanghai started to leave.

  当我们离开了车站，开往上海的火车启动了。

  点评：从句与主句的主语逻辑关系不一致。时间状语从句缺少主语。

2. 语法错误(Grammar Mistakes)

常见的语法错误类型有主谓不一致、时态和语态错误、非谓语动词错误以及句子结构混乱等。

2.1 主谓不一致

- 误：That house which has a large window belong to Mike.

  正：That house which has a large window **belongs** to Mike.

  那间有一个大窗户的房子是迈克的。

  点评：主语 house 是单数。

- 误：Nowadays, the environment of the city have been polluted more and more seriously.

  正：Nowadays, the environment of the city **has** been polluted more and more seriously.

  最近，这座城市的环境污染越来越严重。

  点评：主语 environment 是单数。

2.2 语态错误

- 误：What we talked there should keep secret.

  正：What **was said** there **should be** kept secret. 在那里说的都要保密。

  点评：应当用被动语态。

- 误：China has entered WTO and it will be held 2008 Olympic Games.

  正：China has entered WTO and **will hold** 2008 Olympic Games.

  中国加入了世贸组织，又将举行 2008 年奥运会。

  点评：主语是 China，应当是主动语态。

2.3 时态错误

- 误:I like you as soon as I saw you.

  正:I like you as soon as I **see** you. 我一看见你,就喜欢上了你。

  点评:时态不一致。

- 误:He asked the teacher why this sentence is wrong.

  正:He asked the teacher why this sentence **was** wrong.

  他问老师,这个句子为什么错了。

  点评:时态不一致。

2.4 非谓语动词使用的错误

- 误:China attract many foreign companies come here for investment.

  正:China **attracts** many foreign companies **to come** here for investment.

  中国吸引了很多外国公司来这里投资。

  点评:attract 是谓语动词,come 应当用非谓语动词的形式。

- 误:There are more and more people visit China.

  正:There are more and more people **visiting** China. 越来越多的人来中国旅游。

  点评:are 是谓语动词,visit 应当用非谓语动词的形式。

- 误:So more and more people has begun love travel.

  正:So more and more people **begin to** love **traveling**.

  所以越来越多的人开始喜欢旅游了。

  点评:begin 是谓语动词,love, travel 应当用非谓语动词的形式。

2.5 句子缺少谓语动词的错误

- 误:Please tell me why he late.

  正:Please tell me why he **is late**. 请告诉我他为什么来晚了。

  点评:形容词 late 不能做谓语动词。

- 误:We grateful for your concern about our products.

  正:We **are grateful** for your concern about our products.

  我们非常感谢你们对我们产品的关心。

  点评:形容词 grateful 不能做谓语动词。

2.6 系动词和实义动词的错误

- 误:Both Tom and Bill are not study hard.

  正:**Neither** Tom **nor** Bill studies hard. 汤姆和比尔都不好好学习。

  点评:study 是实义动词,能单独做谓语,不能和系动词一起使用。

- 误:Tourism is not only make our country wealthier, but also improve our living level.

  正:Tourism not only **makes** our country wealthier, but also **improves** our living standard.

  旅游产业不仅使我们国家富裕起来,也提高了我们的生活水平。

  点评:make 是实义动词,能单独做谓语,不能和系动词一起使用。另外,动词应用第三人称单数。

2.7 句子结构错误

- 误:I found it to work with him is very pleasant.
  正:I found it very pleasant to work with him. 我发现和他一起工作很愉快。
  点评:句子结构混乱。
- 误:It is wrong that saying somebody privately.
  正:It is wrong to talk about others like that. 这样议论别人不好。
  点评:句子结构混乱。

3. 词汇错误 (Misused Words)

3.1 冠词错误

- 误:We can introduce the Chinese long history to them.
  正:We can introduce **Chinese** long history to them. 我们可以向他们介绍中国的历史。
  点评:此句中的 Chinese history 前不需要定冠词,因为不是特指。
- 误:I graduated from ______ university 2 years ago.
  正:I graduated from **the** university 2 years ago. 我两年前从大学毕业。
  点评:此句中的 university 前应该加定冠词,因为是特指,是"I"所毕业的学校。
- 误:Now more and more companies want to hire the person who can speak English fluently.
  正:Now more and more companies want to hire **a person/people** who, can speak English fluently. 现在很多公司雇佣英语流利的职员。
  点评:此句中的 person 前不需要定冠词,因为不是特指,应该为不定冠词 a 或 people。
- 误:We can understand the foreigners' lifestyle.
  正:We can understand **foreigners' lifestyle**. 我们能够理解外国人的生活方式。
  点评:此句中的 foreigners' lifestyle 前不需要定冠词,因为不是特指。
- 误:The company has decided to run a free English training course for the all staff to improve the English.
  正:The company has decided to run a free English training course for all staff to improve English. 公司已经决定举办免费英语培训课程,以提高所有职员的英语。
  点评:不定代词不需要定冠词。English 表示语言时不需要定冠词。如果加上定冠词,意义就改变了,变成了"英国人"。

3.2 名词单复数错误

- 误:It is obvious that I have more opportunity to enter a foreign company if I learn English very well.
  正:It is obvious that I have more **opportunities** to enter a foreign company if I learn English very well. 很显然,如果我把英语学好了,就可以更有机会到外企公司工作。
  点评:此句中 opportunity 应为复数,应为前面的修饰词是 more。
- 误:I like reading English book.
  正:I like reading English **books**. 我喜欢懂英语书。
  点评:此句中的 book 应为复数,因为不可能只读一本书。
- 误:I can learn many knowledges from books.

正：I can learn **much more knowledge** from books.　我可以从书本中学到更多的知识。

点评：此句中的knowledge是不可数名词，所以它的修饰词many应改为much more。

- 误：Learning English also help us communicate with foreigners.

  正：Learning English also **helps** us communicate with foreigners.

  学英语也帮助我们与外国人交流。

  点评：此句中的Learning English属于抽象名词结构，动词help应用单数形式。

- 误：The length of the training course is six month.

  正：The length of the training course is **six months**.　英语培训课程为六个月。

  点评：month应为复数。

3.3 形容词错误

- 误：Learning English can make me feel happy and exciting.

  正：Learning English can make me feel happy and **excited**.

  学英语能使我感到愉快和兴奋。

  点评：此句中的exciting应改为excited。这是一个常见错误。现在分词结构是描述事物的，而过去分词结构是描述人的心情的。如：boring和bored，worrying和worried。

- 误：It can help me get a satisfied job.

  正：It can help me get a **satisfying** job.　它可以帮助我找到一个满意的工作。

  点评：此句的错误与上句相同：现在分词结构是描述事物的，而过去分词结构是描述人的心情的，所以satisfied应改为satisfying，因为修饰job。

3.4 代词错误

- 误：I wish I can remember all of this so we can pass the exam.

  正：I wish I can remember all of this so **I** can pass the exam.

  我希望能记住所有这些，这样我就能通过考试了。

  点评：主从句的人称代词不一致。

- 误：The company decided to run a free English training course for all staff, because they think the English language is increasingly used.

  正：The company decided to run a free English training course for all staff, because the English language is increasingly used.　公司决定为所有员工举办一个免费英语培训课程，因为英语的用途正在迅速提高。

  点评：代词they与主语company不一致。

- 误：If anyone would like to attend the course, you should give your name to Mr. Green.

  正：If **you** would like to attend the course, **you** should give your name to Mr. Green.

  如果你想参加这个课程，到格林先生处报名。

  点评：主句中的主语和分句中的主语不一致。

  误：Ourself realized the long history of China.

  正：**We** realized the long history of China.　我们意识到中国的悠久历史。

  点评：反身代词不能做主语。

3.5 介词与连词混用

- 误：With people are lacking in consciousness, there are more and more traffic accidents in China.

  正：**Because** people are lacking in safety consciousness, there are more and more traffic accidents in China. 因为人们缺少安全意识，所以中国发生了很多的交通事故。

  点评：with 是介词，不能引导句子。

- 误：A lot of foreigners come to our home due to the world pay much more attention to China.

  正：A lot of foreigners come to China **because** the world begins to pay much more attention to China. 很多外国人来到中国，因为世界开始更多地注意到中国了。

  点评：due to 是介词，不能引导句子。

- 误：We should be aware that the importance of protecting our environment.

  正：We should be **aware of** the importance of protecting our environment.

  我们应该意识到保护环境的重要性。

  点评：be aware that 引导从句，不能引导短语。

3.6 名词与动词混用

- 误：Tourism is development rapidly in China.

  正：Tourism **is developing** rapidly in China. 中国的旅游业发展迅速。

  点评：development 是名词，不能做谓语。

3.7 连词错误

- 误：The book is very interesting, which author is an eighty-year-old woman.

  正：The book is very interesting, **whose** author is an eighty-year-old woman.

  这本书很有意思，它的作者是一位 80 岁的老妇人。

  点评：关系代词 which 不能在句中做定语。

- 误：He lived in a country hotel, **which** his sister works in there.

  正：He lived in a country hotel, **which** his sister works in.

  正：He lived in a country hotel, **where** his sister works.

  他住在一家乡村旅馆，他姐姐就在这里工作。

  点评：关系代词 which 只能在定语从句中做主语或宾语。

3.8 词语搭配错误

- 误：Tourism takes a lot of benefits for us.

  正：Tourism **brings** us a lot of benefits. 旅游业给我们带来很多好处。

  点评：take 带走，拿走，搭配错误。

- 误：Having a tourism to another city or country is very interesting and exciting.

  正：**Traveling** to another city or country is very interesting and exciting.

  在另一个城市或国家旅游非常有趣和让人兴奋。

  点评：搭配错误。

- 误：It is sure that he joins the dance party.

  正：It is **certain** that he will come to the party. 他肯定能来参加晚会。

  点评：sure 的主语应当是人。

4. 中国式英语(汉语思维)(Chinese English)

中国式英语也是学生写作中常见的问题,以下列举数例。

- 误:It is wrong that talking others in that means.
  正:It is not right to talk about others like that. 这样议论别人不好。
- 误:As everyone knows, China has changed greatly.
  正:As everybody **can see**, great changes have taken place in China.
  正如我们每个人所看到的,中国已经发生了巨大变化。
- 误:The day on October 1 1949 when The People's Republic of China was founded.
  正:**It is** on October 1, 1949 when The People's Republic of China was founded.
  1949 年 10 月 1 日,中华人民共和国成立了。
- 误:Do you think negotiation is advisable?
  正:Do you think it **wise**(**sensible**, **reasonable**) to negotiate with him?
  你认为同他交涉是明智的吗?
- 误:His English is so well that it makes me surprise.
  正:What **surprised** me was that he spoke English so well.
  他英语说得这么好,真让我吃惊。
- 误:The head teacher's words touch me deeply.
  正:What the head teacher said moved me deeply. 校长说的话深深地打动了我。
- 误:The weather of this year is cold earlier than that of last year.
  正:The cold weather **started earlier** this year than last year.
  寒冷的天气比去年来得早。
- 误:As the weather was cold, we decided not to go shopping.
  正:As **it** was cold, we decided not to go shopping.
  因为太冷了,所以我们决定不去购物了。

好句子的标准
(Good and Effective Sentences)

句子是段落和文章的基本成分。好的句子使句子间的逻辑关系清晰，是段落主题的重要体现，可以给读者留下深刻的印象。下面是好句子必须具备的几点要素：

1. 结构完整 (Unity)

句子结构完整是好句子的第一要素。所谓结构完整是指在语法上要具备一个句子所需要的必要成分，如主语、谓语，必要时所需要的宾语、定语、状语等。还有不能缺少固定的短语中的任何成分。在意义上，一个完整的句子要表达单一的完整的思想，它不能包含其他并不相关的意思，也不表达它本身不完整的思想。所以学生在做练习时，要注意检查句子的结构是否完整。下面是一些结构完整的例句。

- One of the most valuable things about taking notes is that it forces the students to articulate the ideas that they are hearing or reading. 记笔记最有价值的作用之一是促使学生能清楚地表达他们所听到的或读到的。

【点评】：句中有一个表语从句，表语从句里包含一个定语从句。而主语里则包含两个介词短语的定语成分。划线如下：

One of the most valuable things about taking notes is **that** it forces
介词短语(1)　介词短语(2)　表语从句
the student to articulate the ideas *that they are hearing or reading.*
同位语从句(斜体部分)

【提示】：学生在写这样的句子时，有可能会漏掉表语从句中的关系代词 that。

- It is much easier to remember something which has meaning for you and which you understand. 容易记住的是那些对你有意义的和你理解的东西。

【点评】：句中有形式主语和逻辑主语，有两个定语从句，划线如下：

It is much easier to remember something which has meaning **for you** and
形式主语　逻辑主语　定语从句(1)
which you understand.
定语从句(2)

【提示】：1. 学生在写这样的句子时，有可能受汉语的影响，可能会漏掉第一个定语从句中的介词短语 for you。

2. 另外有可能会漏掉第二个定语从句中的关系代词 which，因为前面已经有一个了。

- When attending a lecture, take down the name of the lecturer, the course details and the date. This will make it easier to manage your notes later. 听课的时候，记下老师的名字、课程的详细情况和日期。这可以使你以后整理笔记比较容易一些。

【点评】:第一个句子包含时间状语。第二个句子有一个宾语补足语。划线如下:

When attending a lecture, take **down** the name of the lecturer, the course
时间状语
details and the date. This will make it **easier** to manage **your** notes later.
宾语补足语

【提示】:学生在写这样的句子时,有可能会漏掉动词短语 take down 中的 down,这是不熟悉动词短语结构造成的。另外在第二句中可能会漏掉物主代词 your,因为汉语通常不用物主代词。

- If you are taking notes for an assignment, it is important to record where the information came from. You may want to refer back to the original material for clarification or to cite or quote the material in your assignment. 如果你为了完成你的论文而记笔记,重要的是要记下信息的来源。你有可能还要去查原始资料,以便在你的论文中阐明问题或引用资料。

【点评】:第一个句子中有条件从句,主句中有一个宾语从句。划线如下:

If you are taking notes **for an assignment**, it is important to record where the
条件从句
information came from. You may want t refer back to the original material for
宾语从句
clarification or **to** cite or quote the material in your assignment.

【提示】:1. 学生在写这样的句子时,条件从句里有可能漏掉表示目的的介词短语 for an assignment。这是中国学生经常出现的错误,因为汉语表示目的时,大多使用关联词,如"为了",所以学生会经常把其直译到英语中的 in order to。但如果不使用这个短语,他们有可能会忘记使用介词短语来表示目的。

2. 第二句中有可能会漏掉动词不定式的 to。这也是受汉语的影响,因为汉语没有动词不定式这样的结构。

- The answers to these questions will affect the method you use and the amount of detail you choose to include. 这些问题的答案会影响你所使用的方法和你所选择的详细资料的数量。

【点评】:这个句子的主语里有一个不定式结构做定语;两个宾语分别是省略关系代词的定语从句。划线如下:

The answers **to these questions** will affect the method you use and the amount
动词不定式　　　　定语从句(1)
of detail you choose to include.
定语从句(2)

【提示】:学生在写这样的句子时,很有可能会漏掉主语中的后置定语——不定式短语,因为汉语没有后置定语。

2. 语句连贯（Coherence）

连贯是指句子各部分之间清楚而合理的联系。句子中的词语应恰当地衔接，它们之间的关系应十分清楚。学生在习作中要注意避免出现句子不连贯的错误，如：句子间的逻辑关系不清、指示代词指代不清楚、修饰语和被修饰语的关系不清楚，人称、数、语态、时态有混乱之处等。下面是一些语句连贯的句子，注意那些表示句子逻辑关系的连接词汇，以及每个句子中与主题相关联的关键词汇。

例如：

Generally students take notes when they attend lectures and when they are reading study material such as books or articles. There is no one correct approach to taking notes, and individual students use different techniques depending on their personal learning styles, habits and experience. Students **also** focus on different aspects of the topic during a lecture and **hence** take notes which reflect these different interests. Notetaking style is highly personal and what is described here should be regarded as useful suggestions which you can adapt and modify to your own personal situation.

一般来说，学生们在听课或阅读学习资料时要记笔记，比如阅读书本或文章等等。记笔记没有一个所谓的正确方法，每个学生根据自己的学习方法、习惯和经验使用不同的笔记技巧。学生们在听课时也把重点放在不同的内容上，这样他们所记的笔记可以反映出这些不同的兴趣。记笔记的方式是非常个人化的。这里所描述的应该作为有用的建议，你可以根据自己的情况进行调整和修改。

【点评】：这个段落有四个句子，使用了两个连接词 also, hence。另外句子的逻辑意义的连接使用的是与主题相关联的关键词 students 和 take notes。划线部分均为关键词汇。这样段落的主题非常清楚，句子之间的意义也非常连贯。

另外每个句子内部的各个成分都衔接紧密有序，从属连词的使用恰到好处，使句子内部关系非常清楚。下面分别分析每个句子。

- **Generally** students take notes **when** they attend lectures **and when** they are reading study material **such as** books **or** articles.

  点评：使用从属连词，如：generally，when，and，such as，or 等。

- There is no one correct approach to taking notes, **and** individual students use different techniques **depending on** their personal learning styles, habits and experience.

  点评：使用从属连词 and 表示并列关系；使用分词短语 depending on 表示根据；使用物主代词 their 表示指代清楚。

- Students **also** focus on different aspects of the topic during a lecture **and hence** take notes **which** reflect these different interests.

  点评：使用 also 表示与前一句的逻辑上的连接关系；使用连词 and hence 表示递进关系；使用 which 引导定语从句。

- Notetaking style is highly personal **and** what is described here should be regarded as useful suggestions **which** you can adapt **and** modify to your own personal situation.

  点评：使用连接词 and 表示并列或递进关系；使用 which 引导定语从句；使用物主代词 your 表示指代清楚。

3.句式活泼多样(Variety)

句子的多样化是好文章的基础。为了使句子多样化,可以短句和长句并用;简单句、并列句和复合句并用;也可使用独立结构;间或采用一些倒装句、感叹句等等。另外在词汇方面可以使用同义词、近义词和反义词。同义词和近义词的使用可以使句子的主语或宾语的形式多样化;而反义词的使用可以使句子从肯定形式向否定形式转化,使句子的形式更为丰富。但不能为了句子形式多样化,而不注重句子的内容。句子的结构和长度首先要由所表达的内容来决定。只有准确恰当地表达了内容,句子的多样化才有意义。

例 1:

What sets managers apart, if not their job titles?(单句,疑问句,条件句) Simply put,(插入语) the difference between managers and individual contributors is that managers are evaluated on how well the people they direct do their jobs.(表语从句,定语从句) Consider Jennifer Laing, for example.(独立结构) In 1997, she left her position as chairwoman of the London office of Saatchi & Asstchi Advertising Worldwide to become chief executive of its North American operations. Her new responsibiltites included supervising the accounts for some famous brands and landing new accounts.(并列结构) Clearly,(插入语) all the work that goes into promoting these brands, which generate revenues of more than $2 billion, (非限定语从句)can't be done by one person—it takes several thousands.(解释性的插入语) Laing's job is to oversee the efforts of everyone working on all the North American accounts.

如果不是看工作头衔,如何区别谁是经理人员呢? 简单说,经理与个体的贡献人员的区别是:对经理的评价取决于他们所领导的人员的工作状况。例如, 想一想詹尼弗·兰恩,在1997年,她离开了萨奇全球广告公司伦敦办事处主席的职位,成为萨奇北美经营的首席执行经理。她的新的责任包括监督一些知名品牌的客户并开发新客户。显然,所有那些推广这些品牌,产生20多亿美元收入的工作,不可能由一个人来完成——而需要几千人。兰恩的工作是监督与北美客户打交道的每个人的工作成果。

这是一段运用实际例子来解释企业管理的经理人员与普通职工的区别。段落以疑问句开始,并使用了不完整的条件句,这样便可以很快抓住读者的注意力,巧妙地引出了本段落的主题。同时文中使用了多个独立插入结构,用以强调具体解释的句意,从句子结构上很好地完成了本段落作者所要表达的解释意义。

例 2:

I have to declare the decision of His Majesty's Government (单句)— I feel sure it is a decision in which the great Dominions will in due course concur(从句)— for we must speak out at once, without a day's delay. I have to make the declaration, but can you doubt what our policy will be? (疑问句)We are resolved to destroy Hitler and every vestige of Nazi regime. From this nothing will turn us. Nothing.(独立结构)We will never parley; we will never negotiate with Hitler or any of his gang(平行结构). We shall fight him by land; we shall fight him by sea; we shall fight him in the air,(平行结构) until, with God's help, we have rid the earth of his shadow and liberated its people from his yoke. Any man or state who fights on against Nazidom will have our aid. Any man or state who marches with Hitler is our foe. (对称句)

以上是一段丘吉尔的演说辞。作者在有力地表达他的观点和决心的同时,使用了多种句型。

例 3:

Reading can only be fun if you expect it to be.(条件从句)If you concentrate on books (条件从句)somebody tells you(定语从句)(that)you "ought" to read,(宾语从句)you probably won't have fun. But if you put down a book (条件从句) you don't like (定语从句)and try another till you find one that means something to you,(定语从句)and then relax with it, you will almost certainly have a good time—and if you become, as a result of reading,(插入成分)better, wiser, kinder, or more gentle,(并列结构)you won't have suffered during the process.

只有你把读书当做一种乐趣,它才成其为乐趣。假如你把注意力放在别人告诉你"该"读的书上,你很可能觉得索然寡味。但是,假如你放下自己不喜欢的书,另外试一本,直至找到对自己有意义的书,然后心情轻松地读下去,那么,几乎可以肯定,你会感到其乐无穷。假如你由于博览群书而变得更为高尚、聪慧、善良、文雅,你就不会觉得读书是一种负担了。

虽然有些句子看起来很长,但句子结构并不复杂,单词的使用也很简单,可感觉句子结构非常丰富,表达的内容也很丰富。是一段很好的文章。

练习(Exercises)

I. Translate the following sentences into Chinese.

1. Many a time has he given us a good advice.
2. Not only did he speak more correctly, but he spoke more fluently too.
3. Not until quite recently did I have any idea what a robot was like.
4. Hardly had he finished when someone rose to refute his views.
5. Scarcely had he fallen asleep when a knock at the door awakened him.
6. No sooner had he arrived there than he fell ill.
7. Not once has he failed to keep his promise.
8. Little did we suspect that the district was so rich in mineral resources.
9. Well do I remember what you said when we last met.
10. Do you know the number of guests coming to the party?
11. Their aim is to find ways to satisfy the customers' demand "to pay less for more things."
12. The fundamental way out for this factory lies in mechanization.
13. You have given me much to think about.
14. The thing for them to have done was to have given up the plan.
15. There are two things to be discussed today.
16. We were anxious to know what the President had to say about the problem.
17. They should have told us if there was anything up.
18. I have summated the documents concerning that case to you.
19. Their activities during the holidays have been arranged.
20. His words moved everyone present.

II. Translate the following sentences into English.

1. 问题是我们能找谁替她呢?
2. 重要的问题是他们能否按时抵达这里。
3. 我们当前所需要的就是密切合作。
4. 改善工作条件依然是他们的建议。
5. 问题是他们内部意见都不能统一。
6. 我想知道是谁负责此事。
7. 最值得注意的是:每个问题都是以一致通过的方式决定的。
8. 现在他们都知道这一事实,那就是:中国已经发生了巨大的变化。
9. 迟延应由他负责,这个事实是改变不了的。
10. 这就是他为什么发言的理由。
11. 我遇到了一个问题,就在我要出席会议时,这个问题变得越发明显了。
12. 学生听课时,写下准确且字迹清楚的笔记是非常有用的。
13. 他高兴地接受了这一提议,因为他需要很多时间来做研究。
14. 倘若身体可以,我希望今年完成这项任务。
15. 下一段我不准备谈了,因为它与讨论问题无关。
16. 我原来计划今年二月访问美国,后来不得不推迟,这使我感到很扫兴。

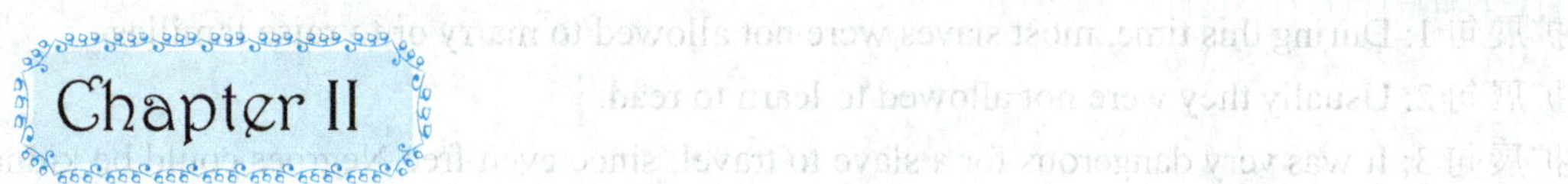

英语段落写作
(English Paragraph Writing)

Unit 1

段落的构成
(Paragraph Structure)

段落(paragraph)是文章写作的基础,它是由若干语义相关的句子围绕一个中心思想组合在一起的写作单位,是句子与文章的中间层次,是连句成篇必须经过的过渡阶段。

一个完整的段落必须包括主题句(Topic Sentence)、扩展句(Development Sentence/Supporting Sentence)和结尾句(Concluding Sentence)。

主题句:是整个段落的核心,它表达作者的观点,或作者的写作意图。而段落中的其他句子都与主题句紧密相关并围绕它来展开。

扩展句:是主题句的延伸和发展。它可以通过理论阐述或事实论证来支持主题句的观点。

结尾句:是用一段话将段落中已阐述的内容进行总结归纳,也是对整个段落的主题的再现。

英语段落的构成可以用下图表示:

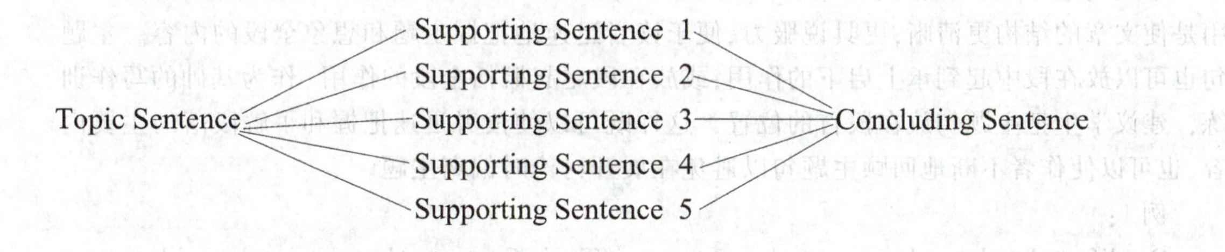

请看下面段落是如何构成的:

Slavery in the United States existed almost unchanged for nearly 250 years. During this time, most slaves were not allowed to marry or to raise families. Usually they were not allowed to learn to read. It was very dangerous for a slave to travel, since even free Negroes could be kidnapped and sold at any time. Under these conditions, it was almost impossible for them to organize to help each other.

主题句:Slavery in the United States existed almost unchanged for nearly 250 years.

扩展句 1: During this time, most slaves were not allowed to marry or to raise families.

扩展句 2: Usually they were not allowed to learn to read.

扩展句 3: It was very dangerous for a slave to travel, since even free Negroes could be kidnapped and sold at any time.

结束句: Under these conditions, it was almost impossible for them to organize to help each other.

该段的主题句"奴隶制在美国存在了近 250 年",位于段落的开始,扩展句 1、2、3 分别从"不允许奴隶结婚或繁衍后代,不允许他们受教育,以及他们外出没有人身安全"等三个方面对该主题进行具体的说明,最后的结论为"由于这样的状况导致他们不可能组织起来互助",点明主题"为什么奴隶制在美国存在如此之久"。

1. 如何写好主题句 (Topic Sentence Writing)

1.1 主题句的作用 (Function)

主题句是整个段落的核心,是用来概括段落的主要内容,或表达作者观点,或表达写作意图。段落中的其他句子都要围绕主题句展开讨论,所以写好主题句,是写好段落的关键,也是整个篇章的重要组成部分,对表达作者的主要观点和写作意图及整个段落的展开都起着至关重要的作用。

例如:

My mother has passed along to me certain rules for getting along with others. (Topic Sentence) Don't argue with parents; they will think you don't love them. Don't argue with children; they will think themselves victimized. Don't argue with spouses; they will think you are a tiresome mate. Don't argue with strangers; they will think you are not friendly. My mother's rules, in fact, can be summed up in two words: Don't argue.

本段第一句为主题句:"妈妈给我制定了几条和人相处的规则。"随后整个段落围绕主题句中提出的 "certain rules"展开,通过四个 "Don't argue"逐一加以交代。

1.2 主题句的位置 (Location)

主题句通常放在段落的开始,其特点是开门见山地摆出问题,然后加以详细说明;其作用是使文章的结构更清晰,更具说服力,便于读者迅速地把握主题和想象全段的内容。主题句也可以放在段中起到承上启下的作用,或放在段尾起概括全段的作用。作为基础的写作训练,建议学生把主题句放在段首的位置,这样既可以使读者迅速把握和了解段落的主要内容,也可以使作者不断地回顾主题句以避免在展开讨论时偏离主题。

例 1:

Our life today depends very much on energy. (Topic Sentence)In towns and in villages, on farms and in factories, machines have made life easier than it used to be. The machines use energy, and energy is needed for heating, lighting, communications, carrying goods—everything. Factories and industrial plants use a great deal of energy to make the things that we use and buy and sell.

该段的主题句在句首,概括性地提出"我们目前的生活很大程度上依赖于能源"。而随后出现的三句都是具体事例,对第一句进行说明和论述。

例 2:

Californians and New Englanders are both Americans. They speak the same language and abide by the same federal laws. But they are different in their ways of life. (Topic Sentence) Mobility, both physical and psychological, has made a great impression on the culture of Californians; lack of mobility is the mark of the customs and morality of New Englanders.

本段的主题句在句中："他们的生活方式不同。"起承上启下的作用。

例3：

Because lunch comes in the middle of the day, it gives me a welcome break from studying. At school, lunch means thirty minutes out of class and a chance to rest after the morning's work. While eating, I can plan what I'm going to do in the afternoon. And besides offering a pleasant break in the day, lunch is always a good meal. In fact, eating lunch is now one of my favorite pastimes. (Topic Sentence)

本段的主题句在段尾："吃午饭是我最好的消遣。"对全文进行总结。

1.3 写好主题句的要点(Main Points)

1.3.1 主题句必须是完整的句子，而不是短语。

例如：

- Playing a piano. (×)
- Playing a piano is not very difficult. (√)
- How to drive a car. (×)
- Anyone can learn how to drive a car. (√)
- Five easy steps in changing a tire. (×)
- There are five easy steps in changing a tire. (√)

以上三个例子中的第一个句子都是短语，不能充当主题句，而第二个句子正确。

1.3.2 写好主题句的中心思想

主题句由两部分组成，即主题(topic)和中心思想(controlling idea)。中心思想的作用是导向(control)和制约(limit)。所谓导向就是规定段落的发展脉络，所谓制约就是限制主题的覆盖范围，两者不可分割。

例如：

- Aspirin has some harmful side effects. 阿司匹林具有一定的毒副作用。

  Topic: aspirin

  Controlling idea: some harmful side effects

- Surfing the Internet gives me a lot of fun. 网上冲浪带给我许多乐趣。

  Topic: surfing the Internet

  Controlling idea: a lot of fun

- Exercise is beneficial to your heart. 锻炼对心脏有利。

  Topic : exercise

  Controlling idea: beneficial to you heart

1.3.3 主题句在段落中所包含的内容切忌过泛或过窄

例如：

- Advertisement is important. 广告很重要。

该主题句过于笼统，使读者对段落要讨论的中心内容不知所云。

改为：Advertisement is an important link between producers and customers today.

如今广告是厂家和顾客之间重要的联系纽带。

这一主题就限定了作者只能阐述广告在厂家与顾客之间的传播联络作用，而其他内容就不会涉及。

- The computer has found wide applications in many areas for it is used not only in calculation, but also in an engineering project, designing, language learning, etc.

  计算机在许多领域应用都很广泛，不仅在计算方面，在工程、设计和语言学习等方面也有很广泛的应用。

该主题句的陈述过于狭窄，不利于段落的展开。

改为：The computer has found wide applications in many areas.

计算机在许多领域应用都很广泛。

这样就具备了“概括性”表述这一特征，符合主题要求。

【提示】

1. 主题句不能是一个具体的事实。应当是一种观点，可以讨论，并对此发表看法。
2. 主题句不能太长，尽量避免使用由两个简单句构成的并列句，即使用连接词 and。这样会使读者难于抓到段落的中心而失去阅读的兴趣，也会使段落的展开复杂化。

2. 如何写好扩展句（Supporting Sentence Writing）

2.1 扩展句的作用 (Function)

在写好主题句，阐述出段落核心以后，就要选择一系列的扩展句来支持主题句，围绕主题句来逐步扩展段落，加强文章主题的说服力。扩展句的主要内容是对主题句的中心思想提出进一步的详细说明、举出事实例证、旁征博引、数据图表等等。

例如：

(主题句) There are several factors affecting climate. (扩展句 1)One factor is the amount of sunlight received. (扩展句 2)Altitude, or the height above sea level, also determines climate. (扩展句 3)The oceans have an effect on the climate of adjacent land. (扩展句 4)In addition, climate is influenced by the general circulation of the atmosphere.

主题句指出影响气候有几个因素。然后用四个扩展句分别说明影响气候的四种因素：太阳光的接收量、海拔高度、海洋和大气环流因素，使主题句更具说服力。

2.2 写好扩展句的要点 (Main Points)

2.2.1 注意主要扩展句与次要扩展句的关系

通常，一个段落会有若干个扩展句。根据在段落中的地位，这些扩展句通常可以分为主要扩展句和次要扩展句。主要扩展句直接为主题句服务，次要扩展句支持主要扩展句，辅助其为主题句服务。

例如：

(主题句)I don’t teach because teaching is not easy for me.　(主要扩展句 1)Teaching is the most difficult of the various ways I have attempted to earn my living: mechanic, carpenter, writer. (主要扩展句 2)For me, teaching is a red-eye, sweaty-palm, sinking-stomach profession. (次要扩展句 1)Red-eye, because I never feel ready to teach no matter how late I stay up preparing. (次要

扩展句 2)Sweaty-palm, because I'm always nervous before I enter the classroom, sure that I will be found out for the fool that I am. (次要扩展句 3)Sinking-stomach, because I leave the classroom an hour later convinced that I was even more boring than usual.

从属于主要扩展句 2 的三个次要扩展句起着解释说明作用，分别解释 red-eye, sweaty-palm, sinking-stomach 的含义，这就更加形象生动地证明了"teaching is not easy"这个主题。

2.2.2 避免写出与主题句不相关的句子，以免走题

主题句通常带有一些关键词，这些关键词对全段内容起着主导和控制作用，即，一个段落中的扩展句都必须紧紧围绕这些关键词对该段的主题内容进行扩展，切忌写一些与主题内容毫不相关的句子，破坏段落意义的统一。

例如：

Here are the directions to get to my house from yours. You walk two blocks north and then turn right on Adams Street. Walk another two blocks to Third Street. My sister, who got married last year, lives at the corner of Adams and Third. Then, turn left on Third Street and walk until you see a dirt road with a yellow house on the corner. That is my house.

该段落的主题句在段首：告诉对方"来我家的路线"，而段落中的 My sister, who got married last year, lives at the corner of Adams and Third 这一句显然与主题内容毫不相关，应该删掉。

3. 如何写好结尾句(Concluding Sentence Writing)

3.1 结尾句的作用 (Function)

结尾句通常位于段尾，用以对全段内容进行总结或归纳，对全段中心思想做出精练的浓缩。

例如：

Ever since the southern provinces of China began attracting foreign capital in the 1980s, the impact of the industrial activity has been felt by vast numbers of the population. For the majority, the change means higher incomes, improved living standards, better schools, and a richer cultural life than they used to have before. Consequently, the recent changes seem to be converting the South into one of the nation's most progressive areas.

段首主题句首先指出中国南方的省份自吸引外资以来人们的感触很深，通过列举诸如"收入增加、生活水平提高、教育事业发展、文化生活丰富"等现象介绍了一系列的变化，最后一句强调该段主题：这些变化使南方变为中国最先进的省份。该结尾句对全文进行了归纳和总结，与段首呼应。

3.2 写好结尾句的要点(Main Points)

3.2.1 结尾句一般应进一步强化段落的主题，与段首相呼应

例如：

In social communication, English writing ability has become very important. Scientists have to write their discoveries in English for publication. Sometimes students are required to write a course paper or a composition in English. Sometimes you need to write a letter for business or personal matters to someone in a foreign country. So English writing ability is necessary for us now.

该段的主题句在段首:“英语写作能力很重要”,结尾句再次强调“因此英语写作对我们非常必要”。首尾呼应,段尾句重复主题,强化主题。

3.2.2 结尾句有时还起到承上启下的作用

例如:

There are very few inexpensive places to visit on a weekend. Most of the mountain or ocean resort areas creat as much financial strain as they do physical relaxation. However, there are few exceptions to this rule.

One of these exceptions is a weekend visit to the natural caverns in our region. Touring the caves is always interesting, and the surrounding areas usually have space for picnics. I always enjoy these visits and come home with some money left, too.

该例子中第一段的划线部分是本段的结尾句, 它与下一段的主题句在意义上大体一致,起到了承上启下的作用。

3.3 段落的自我检查(Check for a Paragraph)

一个段落的写作完成后,要进行认真仔细的检查,通过检查也可提高写作能力。主要检查段落的结构布局、句子的结构及遣词造句以及语法、拼写错误等。一般按照下面的顺序逐项检查:

- Paragraphs —Does each paragraph have a topic sentence?
  —Deos each paragraph have a single subject?
  —Are your paragraphs at a reasonable length?
- Sentences —Are any sentences too long?
  —Have you written in complete sentences?
  —Have you varied your sentence length?
- Words —How is your spelling? Use a dictionary!
  —Have you avoided slangs and casual expressions?
  —Are there any unnecessary padding words that you could cut?

【提示】

1. 在结尾句中,切忌提出与本段中心思想无关的新内容或观点,以避免文章内容杂乱。
2. 常用的表示段落结尾的信号词有:in conclusion, in summary, finally, in brief, in sum, to conclude, all in all 等。

Unit 2

段落的展开方式
(Ways of Developing a Paragraph)

1. 列举法 (Developing by Listing)

列举法是一种常见的发展段落的方法,这种方法常用于议论文中。当作者提出一个论点后,可通过列举出一系列的事实对其进行说明或论证。

常用词语:A 类

- first, second, third, ...last
- firstly, secondly, thirdly, ...finally
- the first, the second, the third, ... last
- for one thing, for another

以上四种情况主要用于按照前后顺序来列举事实、数据、案例、论证的理由和原因等。

例如:

Water must be treated before it is supplied to our houses. First (Fistly, The first, For one thing), it is stored to allow impurities to settle to the bottom. Next (Secondly, The second, For another), it is filtered so as to remove small solids and most of the bacteria. Then a small quantity of chemical is added to the water so that the remaining bacteria may be killed. Finally(Last), it is carried to the users' houses through a pipe. Now we can turn on our taps and use the water in our homes.

常用词语:B 类

- first / first of all/to begin with / to start with / in the first place
  以上词组主要用于论证的开始部分。
- then, next, in addition (to), besides, also, moreover, furthermore, what is more, finally
  以上词组主要用于递进关系的展开,即用于进一步讨论。

下面是一个总体结构的框架,展示如何运用以上两类词组来列举原因或理由,达到论证的目的。

There are several reasons for learning English /why we learn English. First (For one thing, the primary reason is...或者 Start with the first reason, that is...)...Second (For another, Another, Next, The next reason is...或者 In addition/Besides/Also/What is more)... Finally (Last),....

具体操作如下:

There are several reasons for learning English /why we learn English. Start with the first reason, that is learning English will help us to know more about different cultures. Secondly, learning English can give us chances to make friends with people from other countries. What is more is that learning English might be a good opportunity to get a better job.

2. 举例法(Developing by Example)

通过列举事实或者举出实例来说明中心思想或论证某种观点。与列举法不同，举例法侧重于举出典型事例来扩展主题句，事例可多可少，而列举法所列举的事实力求全面。

常用词语：

- for example, for instance, to take ... as an example, say, 主要用于列举一个例子。
- one example is ..., another example is ... 用于列举两个例子。
- ...can be illustrated / shown by the following examples / instances...用于列举两个以上的例子。
- There are many examples to show that ...such as...用于列举多个例子。

例如：

A tape recorder is useful in many ways. For example, a reporter can use it in interviews instead of the old, less accurate means of writing them in a notebook. Another example is that in studying foreign languages, students can use it to improve their listening ability. Also, they can record their own voice to improve their pronunciation in the foreign language.

3. 比较和对比法 (Developing by Comparison and Contrast)

比较是把两种或两种以上同类事物、人物、事件等进行比较，以辨别其相似之处。对比则是将两种事物进行对照，通过辨别其差异而指出各自的特征和本质。比较是为了说明事物的共同点，而对比则是为了说明事物的不同点。写作中，比较和对比常同时出现。

常用词语：

- but, however, while, yet, 表示让步关系的连接词用于转折、相反的对比。
- on the one hand ... on the other hand ..., in contrast, in comparison,...on the contrary, compared with B...A is, 这类词组用于表示相对应的两个方面的对比。
- There are many differences between A and B, A is different from B in ..., 此类句式表示两种事物之间的不同。

以上连接词、词组及句式主要用于表达对不同事物进行的比较。下面是一个对比不同事物的结构框架的例子：

There are many differences between college and high school in Britain. In high school, you can...In colloege, you can... In high school, you can....While in college, you...but in high school,...

下面是两个对比不同观点的例子：

例 1：

People at home and abroad have voiced different opinions about birth. On the one hand, most people say that we should turn to strict birth control as we are approaching the limit of the number of people the nation can support adequately. On the other hand, others argue that, if birth control is imposed on the population, the future of the Chinese would be seriously endangered. They think that very intelligent people would be more likely to have fewer children, and this would bring about a lowering of the general level of intelligence in the population.

例 2：

It is true that the city can provide much convenience and entertainment. In contrast (However), living near the countryside one can enjoy the clean atmosphere, the closencess to nature and the quiet, peaceful surroundings—the essentials of a healthy life.

例 3：下面的例子是对两个事物之间的相同性进行比较，使用的是类比的方法，即把 A 比作 B，更形象、更准确地对事物进行论证，并更具有说服力。

A nation, like a person, has a body—a body that must be fed and clothed and housed, invigorated and rested, in a manner that measures up to the objectives of our time.

A nation, like a person, has a mind—a mind that must be kept informed and alert, that must know itself, that understands the hopes and the needs of its neighbors—all the other nations that live within the narrowing circles of the world.

A nation, like a person, has something deeper, something more permanent, something larger than the sum of all its parts. It is that something which matters most to its future and calls forth the most sacred guarding of its present.

—Franklin D. Roosevelt

4. 因果法 (Developing by Cause and Effect)

因果法是根据事物内部的因果关系来展开段落。因果分析法常见于科技说明文和议论文中，如：造成环境污染的原因是什么，人口膨胀的结果会怎样等。展开段落进行论述时，可以先果后因，也可以先因后果。

常用词语：

- because, since, now that, because of , for, 用于阐述原因的连接词。
- so, therefore, thus, consequently, ... 用于阐述结果的连接词。
- There are several reasons why / for ... , The reasons for ...are ..., 此类句式用于阐述多种不同的原因。

例 1：(果因分析法，可以与列举法并用。)

Why do people like to slim now? （结果） There are many reasons for that.（分析原因） Firstly, they have realized that fatness is harmful to health because it can cause diseases such as heart attack and high blood pressure or even the stroke. Secondly, overweight may spoil their image, especially for some young girls, who think they will not be loved by handsome boys. Thirdly, a good-looking figure can not only attract people but make you feel more self-confident than ever before.

例 2：(因果分析法)

Why would I like to learn English? The first reason for that is learning English will help me to know more about different cultures. And also, learning English can give me chances to make friends with people from other countries. The last reason is learning English might give me a good opportunity to get a better job. Thus, learning English will bring me many benefits for my life.

在此段落中，以提出问题的形式，引导出段落的主题句，然后阐述三个原因(The first..., And also..., The last reason...)，进行展开，最后总结出结果(Thus...)，引导出结论句。段落展开层次清晰，逻辑关系紧密，从而明确了作者的写作意图。

5. 分类法 (Developing by Classification)

按分类展开的方式就是根据所要叙述或描述的事物、事件和人物的特点，按照一定的标准进行归类，从中找出共同点和不同点。另外在分类时，要注意类别对应，不能把不同类的事物、事件或人物进行归类。

常用词语：

- There are many kinds / groups / categories / sorts of A.
- A may be classified into several types.
- A may be divided into the following kinds.
- A may be categorized into several kinds.
- There are some categories.../types/kinds/classes/sections...
- The classification is based on...

分类的段落结构中往往与列举法并用，例如：

A may be classified into several kinds. The first one is.... The second one is.... The last one is...

例 1：

There are three kinds of book owners. The first has all the standard sets and best-sellers unread, untouched. This individual owns wood pulp and ink, not books. The second has a great many books—a few of them read through, most of them dipped into, but all of them as clean and shiny as the day they were bought. This person would probably like to make books his own, but is restrained by a false respect for their physical appearance. The third has a few books or many—every one of them dog-eared and dilapidated, shaken and loosened by continual use, marked and scribbled from front to back. This man owns books.

下面是另一种结构：

Book owners may be divided into the following types. The first type has all the standard sets and best-sellers unread, untouched. This individual owns wood pulp and ink, not books. The second type has a great many books—a few of them read through, most of them dipped into, but all of them as clean and shiny as the day they were bought. This person would probably like to make books his own, but is restrained by a false respect for their physical appearance. The third type has a few books or many—every one of them dog-eared and dilapidated, shaken and loosened by continual use, marked and scribbled from front to back. This man owns books.

例 2：

There are three basic kinds of materials that can be found in any good library. Firstly, there are books on all subjects, both in English and in many other languages. These books are organized according to subject, title, and author in a central file called the card catalog. Books can generally be checked out of the library and taken home for a period of two to four weeks. Next, there are reference works, which include encyclopedias, dictionaries, bibliographies, atlases, etc., and which generally must be used in the library itself. In addition, there are periodicals—magazines, newspapers, pamphlets—which are filed alphabetically in racks, or which have been microfilmed to conserve space. Like reference works, periodicals cannot usually be removed from the library.

6. 时空法(Developing by Time and Space)

时空法是指在描述某一事件或环境时，按照时间或空间的顺序来扩展主题句的方法。按时间展开的方式通常出现在讲故事或叙述往事时的篇章中。它主要是以事情发生的时间顺序或动作的先后次序来进行描述，并以此为线索展开段落。按空间展开的方式主要是通过对一个空间的描述来叙述事件或人物的发展过程。通常是以某一点为中心，按照作者所需要的方位或方向来依次进行描述。在描述的顺序上一定要有规律，如从东到西，或从上至下，或由近及远等等。

常用词语：

- 时间：表示时间先后顺序的：now, then, soon, later, after, first, second, next, finally, at last,eventually, etc.

表示同样时间的：in the meantime, at the same time, etc.

- 空间：表示方位的：here/there, on the left, on the right, below, beneath, over, under, etc.

以某物为参照物的方位：opposite to A, next to A, across from A, in the distance, close to A, before A, etc.

例1：(时间)

"First, they done a lecture on temperance; but they did not make enough for them both to get drunk on. Then in another village they started a dancing school; but they didn't know more how to dance than a kangaroo does; ... Another time they tried to go at yellocution; ... So at last they got just about dead broke,..."

(Mark Twain, *The Adventures of Huckleberry Finn*)

例2：(空间)

The room was disgusting. Over by the far window was a trash can piled high with crumpled papers. In the middle of the room was a gaudy, round king-size bed littered with rotting fruit peels. The path between the bed and the doorway, where I was standing, was choked off by heaps of dirty clothes and old newspapers.

7. 程序法(Developing by Process)

程序法是按事情发生的步骤的先后顺序进行叙述的，目的是使读者清楚地了解整个事情发生的全过程，所以在叙述过程中一定要有条理地把事情发生的经过叙述清楚。除了在叙述文和描写文中可以使用这种展开方式，科技类的文章和使用说明文通常都采用这种展开方式。

常用词语：

- to begin with, first (second, third...), first of all 等，表示开始阶段。
- next, then, after that 等，表示第二个阶段或后续阶段。
- finally, last, at the end 等，表示最后阶段。

例如：

Yesterday, We really had a hard time getting Peter out of the well he had fallen into. First we fashioned a rope by linking our belts together. Then we lowered it to Peter, telling him to grasp the end. After he had hold of the belt-rope, we began to pull him slowly, inch by inch, out of the well. During his ascent, no one dared speak a word. Finally we could grasp his arms, and with a shout of relief, we pulled him out onto the grassy bank.

8. 定义法(Developing by Definition)

按定义展开就是在一个段落中通过下定义对一个概念或术语进行解释或说明，以达到阐明段落主题来支持文章的主题或作者观点的目的。这是说明文、描写文和议论文常用的表达方法，尤其是议论文。

常用词语：

- A is B.
- It is defined as A.
- The definition of A is B.
- The meaning of this word is...
- As the term suggests...

例 1：

Diligence is the key to success. It means persistent work and does not mean that we are to exert ourselves all day and night without rest, without food and without sleep. The true meaning of diligence is the careful use of time for the purpose of improvement, or to work persistently without any waste of time.

例 2：

A pencil is an instrument for writing on paper. It is of cylindrical shape and can be held between the first two fingers of the hand. It is about 6 inches long and 1/4 inch wide. At the end there is usually an eraser attached to the pencil by a surrounding metal band. Lead is the material which is used in making the marks on the paper, and a sharpener is needed to keep the pencil in good working order. Pencils are made of various kinds of wood.

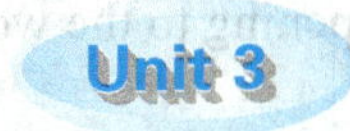

段落的基本特征
(Good and Effective Paragraph)

段落是文章的组成部分，同时又是一个相对独立的整体，所以它既要拥有一个完整的结构，又必须与其他段落有逻辑上的连接关系，这样才能完成文章主题或作者意图的有理有据的分析和阐述，从而达到说服读者的目的。所以一个好的段落必须具备内容完整、结构连贯两个基本要素。

1. 段落的整体性 (Paragraph Unity)

段落的整体性是指段落写作要遵循整体性或统一性原则，即一个段落必须有一个主要的中心主题，即主题句，而段落中的所有句子都是为了支持、说明这个主题的。为了保持段落内容的完整性，为了突出段落的中心，任何与主题无关的句子，哪怕是再好的句子都不应该保留。

例 1：

在题为"On the Development of Tourism"的作文中，根据题目的要求第一段的主题为：Tourism is developing rapidly in China.

学生习作 1

With the positive influence of opening up policy, it speed up the economic development. Meanwhile tourism is developing rapidly in China. A lot foreigners come to our home due to the world pay much more attention to China. They go to many tourists attractions, such the Great Wall, the Forbidden City, to learn about Chinese history. Therefore, more and more travel agencies spring up fastly.

仔细分析学生 1 的习作我们可以发现，该短文并没有围绕"Tourism is developing rapidly in China"这个提纲进行论述，段落的主题似乎也很模糊。第一、三、五句是论述了开放政策的积极作用，加速了经济的发展，许多外国人到中国是因为他们开始关注中国，因此出现了许多的旅行社。而且段落框架松散，中心思想不明确，第一句的逻辑关系也不明确。段落缺乏整体性。

这一短文可以做如下修改：

With the opening and reform policy being carried out, tourism, a smokeless industry, is developing rapidly in China. Thousands upon thousands of foreign visitors are crowding into our country. They are eager to see this old mysterious land with a splendid culture of more than 5,000 years.

修改后的短文围绕"tourism is developing rapidly in China"这一主题展开，思路清晰，逻辑合理，中心突出，具备了良好的统一性。

学生习作 2

Because of the largest population in China, tourism has great potential opportunity for business. As we know, with the improvement of people's living standard, more and more people are willing to enjoying their lives. And with entering WTO, China is fully opening to the world. So tourism is developing rapidly.

该段落的主题句应当是最后一句"So tourism is developing rapidly",但是整个段落并没有描述旅游业发展的原因。段落中这样描写:"因为中国是世界上人口大国,因此旅游业在中国存在很大的商机。众所周知,随着人们生活水平的提高,越来越多的中国人愿意享受生活。随着中国加入WTO,中国已经完全向世界开放,因此旅游业在中国飞速发展。"

该段落缺乏整体性,中心不明确,思维混乱,使读者搞不清楚作者重点想说什么。到底是想说旅游业发展的好处,还是为什么旅游业在中国飞速发展?而且许多句子结构错误,逻辑关系不清楚。

此短文可以做如下修改:

After entering into WTO, China is fully opened to the whole world. More and more foreigners are willing to visit China, which has the largest population in the world. Meanwhile with the improvement of Chinese people's living standard, more and more people are willing to spend their money on traveling. So tourism is developing rapidly.

修改后的短文围绕主题"旅游业发展的原因"进行论述,指出了旅游业发展的两个原因,即入世后中国完全向世界开放,越来越多的外国人想来中国一睹世界第一人口大国的风采;越来越多的中国人愿意把钱花在旅游上,因此中国的旅游业飞速发展。段落具备了良好的整体性。

例2:

A part-time job supplements a student's education.(主题句) It can provide valuable practical education (扩展句1)such as training for do-it-yourself project, knowledge useful to future housewife, car owner.(次要扩展1) It can also provide field work (扩展句2)related to the student's major field of study, hospital work for future nurses, tutoring for future students, playing in a commercial band for music students.(次要扩展2) Further, it can provide valuable psychological training (扩展句3)such as association with people from different background, taking orders from superiors.(次要扩展3)

该段落围绕主题句"打工可以增长知识"这一主题展开,具有较好的整体性。

该段落的结构如下:

	(It...)	扩展句1——(such as)——次要扩展1
主题句:	(It also...)	扩展句2——(related to)——次要扩展2
	(Further, it...)	扩展句3——(such as)——次要扩展3

2. 段落的连贯性(Paragraph Coherence)

段落的连贯性是指段落中的句子与句子之间在逻辑上和结构上的相互连贯。连贯,一是指结构上的连贯,二是指内容上的连贯,也就是说文章的结构层次和连接应按照一定的逻辑顺序编排,在一个句子衔接下个句子时,或是一个段落连接下个段落时,必须合乎逻辑,连贯紧凑,不应有跳跃。这样,句子或段落衔接自然流畅,文章层次分明,脉络清晰。

为了保证段落中句子间的逻辑关系清晰、转换自然、顺理成章,第一要使用转承语(Transition Signals),第二是要按照一定的逻辑顺序来排列句子。

例 1:

The advantage of the education system in Japan is that students there learn the social skills of cooperation. Another advantage is that they learn much more math and science than most American students. They also study more hours each day and more days each year than their North American counterparts do. The system is demanding, but it prepares children for a society that values discipline and self-control. There are, however, disadvantages. For one thing, many students say that after an exam, they forget much of the information they memorized. For another, the extremely demanding system puts enormous psychological pressure on students, and is considered a primary factor in the high suicide rate among Japanese school-age children. (《21 世纪大学英语》第二册 Unit 2)

通过过渡词汇可以判断出此段落中的句子之间的关系:递进关系(Another, also)、转折关系(but, however),又一层递进关系(For one thing, For another)、并列关系(and)。通过 however 这个重要的转折关系连接词,可以了解这个段落的展开方式是对比或比较。该段落具备良好的连贯性。

例 2:

Smoking results in a series of negative effects. To begin with, it has been proved that poisonous nicotine contained in cigarettes can reduce your fitness. And what is worse, it can even cause lung cancer if you smoke constantly. That is why such warning as "smoking is harmful to your health" must be printed on the cover of the cigarette case in western countries. Furthermore, passive smoking occurs in your family members and other people as a result of our smoking at home or in public places. Consequently, their health will be unfavorably influenced. In addition, smoking adds to your financial difficulty if you happen to be short of money. Even if you are rich, you are encouraged to spend your money on valuable books, nutritious food, high-quality TV sets, etc., not on meaningless smoking. Therefore, giving up smoking is a good way to make you and your family happy.

该段落通过运用划线部分的过渡词汇,使文章结构连贯,层次分明;同时也可以推测这是一节阐述原因结果的段落,并且可以看出原因的分析的层次逐步加深。

练习 (Exercises)

分析下列段落的展开方式,找出段落的主题句、关键词。并分析句子间的逻辑关系和过渡词汇的运用及作用。

1. There are many different forms of exercises to suit different tastes. For example, those who enjoy competitive sports may take up ball games. For another example, if they prefer to exercise alone, they can have a run or take a walk in the morning or in the evening. Besides, people can go swimming in the summer and go skating in the winter. In short, no matter what their interests are, people can always find more than one sports that are suitable to them.
2. Mr. Cook, a renowned American historian, arranges the books on his bookshelves in a unique way. In the upper right hand corner, there are books about the development of the early

colonies in New England and the War of Independence. Right under them can be found books on the slave trade, the plantation system and growth of the southern states. The left side of the shelf contains hundreds of books concerning subjects of the Westward Movement, Indian culture, the cowboys' contributions to American society and the Gold Rush in California. From the description above, one can see that Mr. Cook regards his bookshelves as a map of the U.S. and arranges his history books accordingly. It is odd, but it is convenient.

3. Once you encounter a person who has stopped breathing, you should begin immediately to do mouth-to-mouth breathing. First, place the victim on his back and remove any foreign matter from his mouth with your fingers. Then tilt his head backwards, so that his chin is pointing up. Next, pull his mouth open and his jaw forward, pinch his nostrils shut to prevent the air which you blow into his mouth from escaping through his nose. Then place your mouth tightly over the victim's. Blow into his mouth until you see his heart rise. Then turn your head to the side and listen for the outrush of air which indicates an air exchange. Repeat the process...

4. Nowadays the news media mainly consist of radio, television and newspapers. Each type has its own advantages and disadvantages. Newspapers are the oldest form for communicating the news. Today many people still begin their day by reading the morning paper while having breakfast, and end their day by reading the evening paper while having dinner.

   The invention of the radio has had a tremendous influence on the world. It is able to bring up-to-minute news to distant places in a matter of seconds. Thus the development of the radio has made the world a smaller place.

   Television is the most recently developed device for communication. It allows us to see as well as to hear the news. The fact that it enables people to see visual images has had a considerable effect on our perceptions of world event

5. Automation refers to the introduction of electronic control and automation operation of productive machinery. It reduces the human factors, mental and physical, in production, and is designed to make possible the manufacture of more goods with fewer workers. The development of automation in American industry has been called the "Second Industrial Revolution".

6. The hamburger is the most popular food item in the United States. Every year Americans consume billions of them. They are sold in expensive restaurants and in humble diners. They are cooked at home on the kitchen stove or over a barbecue grill in the backyard. Why are they so popular?

   First, a hamburger is extremely easy to prepare. It is nothing more than a piece of ground beef, cooked for a few minutes. Then it is placed in a sliced bun. Nothing could be simpler. Even an unskilled cook can turn out hundreds of them in an hour. Besides that, the simple hamburger can be varied in many ways. You can melt some cheese on top of the beef to create a cheeseburger.

You can also add some grilled bacon for an interesting flavor contrast. In addition, you can garnish the hamburger with other things such as lettuce, tomato, onion, mushrooms, avocado, pickles, hot pepper, ketchup, relish, mayonnaise, mustard or whatever you wish!

7. James Murray was born in Scotland in 1873, the son of a village tailor. He went to a parish school, but he left at 14 and he educated himself with pertinacity. He loved knowledge and he loved to impart it. He became a school master; he learned language after language and was alive to geology, archeology and phonetics, as well as to local politics. He had to leave Scotland because of the illness of his first wife, and he became a bank clerk in London. By sheer energy of scholarship, and without benefit of any university education, he made himself indispensable to the other remarkable philologists of his day. He returned to school-teaching and lived a 72-hour day for the rest of his life. For the invitation to edit what became the O. E. D. was one that he could not refuse. At first he combined it with his school work; later he moved to Oxford and dedicated himself to building the best sort of monument-best in that it was not a monument to something dead but rather to something living: the English language.
8. Color-blind people have problems that people who perceive color never think about. Perhaps the greatest handicap of color-blind person is evident when they select occupations. For example, they cannot work as interior decorators, commercial photographers, painters, airline pilots, or railroad engineers. The second problem is with traffic signs and signals. Those that are red-green colorblind have trouble seeing stop signs found on shady streets because they may not notice them against the leaves. In addition, they have trouble identifying signal lights and must memorize the position of the light to know which signal is being given. And perhaps less of a problem is that of dressing. Those who are fashion-conscious avoid brightly colored wardrobe so that they will not wear clashing colors.
9. There are four separate stages in making bread. The first stage begins by mixing yeast with warm water. This mixture is then added to half the amount of flour. The resultant batter mixture is then left for an hour. At the next stage the rest of the flour is added to the risen batter mixture, along with salt and oil. The main step in the second stage is a thorough kneading of the dough, after which it is left to rise. The third stage involves shaping the dough into loaves; the shaped loaves are then put into bread tins and left to "prove" (rise). In the final stage the bread is cooked in a hot oven. The whole process of bread-making finishes when the bread is taken from the oven and left to cool on wire racks.
10. Life in the city is quite different from life in the suburbs. People living in the city are constantly exposed to the hustle and bustle of urban life. But life in the suburbs is generally quiet and casual and generally more low—key than in the city. If city dwellers want to see trees and grass, they must go to one of the public parks. On the other hand, the streets of many suburban communities are lined with trees and shrubs, and each house has its own grassy yard. A person living in the city is close to many sources of entertainment, but people living in suburban areas must go into the city for entertainment.

Chapter III

英语短文写作
(English Essay Writing)

Unit 1

短文的构成
(Essay Structure)

一篇英语短文是由几个相互关联的段落组成的，每一段阐述一个要点。一篇结构完整、脉络分明的文章应具有三个主要组成部分：

段落名称	段落功能
介绍段 Introduction	提出全文的主题 (what I am going to talk about)
正文段 (1,2,3,4,5...) Body	对主题进行讨论、分析、阐述以及论证 (what I am talking about)
结尾段 Conclusion	对所讨论、分析、阐述以及论证的主题进行归纳总结 (what I have talked about)

1. 介绍段 (Introduction)

介绍段就是一篇文章的开始段落，其作用主要是点题开篇，引出含有中心思想的主题句。

常见的介绍段展开方式

1.1 现象法

常用句式：

- With the rapid development of...
- Nowadays, our society is witnessing more and more...
- According to recent study, there have occurred...
- There is heated debate at present about the issue of...

例如：

With the steady growth in our country's economy as well as people's living standard, people begin to enjoy more and longer paid holidays.

1.2 数据法：以数据开头的方法可以增加文章的权威性和可靠性

常用句式：

- According to the research that ...

- Such statistics present an undisputable fact that ...
- The figure indicates that ...

例如：

The fact that less than 5 percent of the British population graduates from university may seem surprising, especially when viewed beside the American percentage of over 30 percent.

1.3 对比法：把两种或几种形成鲜明对比的事实或观点放在一起阐述的方法

常用句式：

- There is a public debate as to the issue of ...
- When it comes to ... most people believe that ... but other people regard...as...
- Nowadays, it is commonly believed / widely held that..., but I doubt whether...

例如：

The question of whether knowledge is gained form experience or books is one that has concerned many people.

【提示】主题法、问题法、故事法等方法也是介绍段常用的展开方式，这里就不一一详细介绍了。

2. 正文段（Body）

正文段是文章的重点，内容比较详细，其作用是对文章主题进行解释和说明。正文段的篇幅通常较介绍段和结尾段长，而且不同类型的段落有不同的展开技巧，关于正文段的展开方式请参照第二章第三节“段落展开的方式”，这里就不再赘述。

3. 结尾段(Conclusion).

例如：

On the whole there are more advantages than disadvantages in the use of TV. Yet different people may have different attitudes toward TV. But we must realize that television in itself is neither good nor bad. Its value to people and society depends on how we look at it.

3.1 名言法；引语：用格言、谚语或习语总结全文，既言简意赅又有更强的说服力

常用句式：

- There is an old / popular saying/ proverb which goes that ...
- One of the scientists once said that ... Now it is still working in our modern society.
- It reminds me one proverb which goes...

例 1：

If you have anything to do, try to do it yourself, for that is the safest way to permanent success. Remember the famous saying, “God helps those who help themselves.”

例 2：

If we stick to studies day after day, there is nothing that can't be achieved. As an old saying goes, “Constant dropping of water wears away a stone.”

3.2 展望法：提出展望或期望，表示对将来的展望或期待读者投入行动

例 1：

I am sure that Chinese will become one of the most important languages in the world in the next century. As China will open further to the outside world, the language is sure to be spread worldwide.

例 2：

If everyone has developed good manners, people will form a more harmonious relation. If everyone behaves considerately towards others people will live in a better world. With the general mode of society and social ethics improved, there will be a progress of civilization.

短文的种类
(Types of English Essays)

根据文章的写作目的、内容和其表达方法，通常把英语短文分为四种类型：描写文(Description)、记叙文(Narration) 、说明文(Exposition)和议论文(Argumentation)。但在实际写作中这四种方法常常融合在一起，交织使用。

本书在前面章节里已经比较详细地介绍了 Sentence Writing and Paragraph Writing 的基本理论、方法和技巧。为了使学生能够更好地将学到的语言知识和写作方法运用到实践中，同时也由于四级考试作文的试题类型代表了目前绝大多数英语考试作文的题型，我们将大学英语四级作文写作的题型作为实际训练的题目来进行短文写作实践，旨在帮助学生提高英语文章的写作能力。

1. 段首句作文 (Topic Composition)

1.1 写作要领 (Main Points)

段首句作文也称主题句作文，因为作文题中所给的段首句往往是段落主题句。该作文一般将文章分为三个段落，每段首句即为该段的主题句(Topic Sentence)。写英文段首句作文要注意：所写的内容要紧扣主题，辅助句应围绕段首句续写，要注意句与句之间，特别是段首句与辅助句之间的自然衔接。另外，所给的段首句有时是一个完整的句子，有时不是一个完整的句子，只是句子的一部分，因此一定要先审好题，找出其中表示中心思想的关键词，围绕这些关键词去扩展、描述或说明。

1.2 作文示例及分析 (Samples with Comments)

Sample 1

Directions :For this part, you are allowed 30 minutes to write a composition about "Women in the Modern World" in three paragraphs. You are given the first sentence of each paragraph and are required to develop the idea in completing the paragraph; your part of the composition should be about 100 words, not including the words given. Remember to write clearly.

1. Women are playing an increasingly important role in society.
2. With the changes in their social role, women's position in the family has been improved as well.
3. In spite of these changes, the liberation of women has not been completely realized.

【范文】

Women in the Modern World

Women are playing an increasingly important role in society. Successful women who are government officials, writers, scientists, doctors and teachers can be found everywhere. It is true that many jobs that once were dominated by men can be done well by women.

With the changes in their social role, women's position in the family has been improved as well. The husband is no longer the only bread maker in the family and the wife no longer lives on others. They share comforts and hardships with each other.

In spite of these changes, the liberation of women has not been completely realized. Women still face many difficulties and obstacles due to traditional roles and limited economic strength. Women still have a long way to go in their struggle for complete equality with men.

【分析】

第一段首句是讲妇女在社会上的作用,关键词是"important role",因此后面的内容紧紧围绕妇女的社会作用,比如,妇女可以是政府机关的工作人员、科学家、教师等;第二段的段首句是妇女在家庭中的地位也提高了,关键词是"position in the family",续写的内容也是有关夫妻共同承担养家重任等;第三段的段首句是讲妇女解放仍然任重而道远,关键词是"liberation",续写的部分提出了妇女所面临的问题,整个续写的部分紧扣段首句。

Sample 2

Directions: Write a composition about "What Would Happen If There Were No Power" in three paragraphs, you are given the first sentence or part of the first sentence of each paragraph:

1. Ever since early this century, electricity has become an essential part of our modern life.
2. If there were no electric power,...
3. Therefore,...

【范文】

What Would Happen If There Were No Power

Ever since early this century, electricity has become an essential part of our modern life. It has played a decisive role in the modern world. Everybody admits that development of our civilization depends on electricity.

If there were no electric power, our modern world would be in trouble. For instance, all the wheel would stop because without the power the machine would cease working. And all the electrical equipment life would be impossible and in a great mass without electricity.

Therefore, we should make better use of elective power. On the other hand, we should educate people to economize on electricity and not to waste energy resources. At the same time, we must do our best to exploit more electric resources to meet the requirements of human beings.

【分析】

第一段的段首句是讲电已经成为人们现代生活中必不可少的部分，随后进一步说明现代文明的发展离不开电。第二段的段首句提出如果没有电,世界将会一片混乱。最后一段指出我们应该节约用电,开拓更多的电力资源。全文结构清楚，内容完整。

2. 关键词作文 (Key Word Composition)

2.1 写作要领(Main Points)

关键词作文是根据作文题目以及所给出的关键词写短文。写这种题型的作文,要特别注意关键词的作用。文章一定要把所给的关键词都用上,可以一句中用上几个词,也可以几句中用上一个词,只要能做到恰到好处即可。

2.2 作文示例及分析(Samples with Comments)

Sample 1

Directions: For this part, you are allowed 30 minutes to write a passage on "The Advantages of Travel" based on the words and phrases given:

advantages ,widen our knowledge, make friends, knowledge or geography, beautiful scenery, different lifestyle, customs and cultures, various foods, practice a foreign language, worth spending the time.

【范文】

The Advantages of Travel

Whenever a college student is asked "What are you going to do this summer vacation?" the most probable answer might be "I am going to have a trip." It seems that college students are fond of traveling very much. Why? Because travel has numerous advantages.

First of all, travel can widen our knowledge of geography, different customs, cultures and lifestyles of different places and countries. Secondly, we can make friends and practice a foreign language through traveling. Finally, travel is the best way of spending time. We can enjoy eating various local foods and seeing beautiful scenery.

In a word, we can benefit from travel in more than one way. It is worth spending the time.

【分析】

作者在第一段中就用上了关键词 travel 和 advantage, 并利用 Because travel has numerous advantages 这样的承上启下的句子来引出下文关于旅游的种种好处。最后又把关键词用在了文章的结尾处,强化了主题,起了画龙点睛的作用。

Sample 2

Directions: For this part, you are allowed 30 minutes to write a passage on "The Helpful Features of Textbooks" based on the following words:

textbooks, school, levels, kids, purpose, learn, therefore, features, information, contents, page, understand, divide, sections, finally, alphabetical, help, quickly, efficiently.

【范文】

The Helpful Features of Textbooks

Textbooks are books that students use in schools. Students at all levels and in all kinds of schools use textbooks. They have certain features in common—features that can help students find and understand the information in them.

All textbooks have tables of contents at the beginning. The tables of contents list the chapter titles, the parts of the chapters, and the page numbers of the parts. These sections are divided again into smaller parts with headings and subheadings. Finally, most textbooks have an index at the back of the book. The index lists all the topics in the book in alphabetical order, and gives their page numbers.

These are the features of most textbooks, which help students find and understand the information in textbooks quickly and efficiently.

【分析】

文章一开头用定义法给教材下了个定义。接下来具体说明教材的主要特征。最后一段与第一段相呼应,所有的关键词都运用得恰到好处,并重复和强调了几个关键词中的关键词,比如 textbooks,information 等。

3. 提纲作文 (Outline Composition)

3.1 写作要领 (Main Points)

提纲作文是要求考生根据所给出的作文题目和提纲(一般为中文提纲)进行写作。中文提纲大多是以三个单句的形式出现的。写提纲作文,首先要做的就是审题,并要仔细分析题目中所列举的提纲。审完题后应该根据提纲拟出三个英文的主题句,再在这些主题句的基础上扩展成文。在扩展的过程中一定要做到条理清楚,开门见山。

3.2 作文示例及分析 (Samples with Comments)

Sample 1

Directions: For this part, you are allowed 30 minutes to write a composition on the topic "Good Health" according the following outline. Your composition is less than 120 words. Remember that the contents of the outline should all be included in your composition.

Outline:

1. 健康的重要性
2. 保持健康的方法
3. 我的做法

【范文】

Good Health

Good health is very important to everyone. With it, we can study hard, we can serve our country, we can do everything as we like. Without good health, everybody knows that we will fail to do things. We can't work efficiently, we may stay in hospital, we'll become a burden of our family.

In my opinion, there are two ways for us to keep fit. First, we must eat a balanced diet. That is to say, we must eat not only eggs, fish and meat, but also some vegetables and fruit everyday. Besides eating properly, drinking clean water is also important. Never get addicted to drinking the soft drinks. Second, exercising is a vital part of our daily life. We can do some running in the morning and play football in the afternoon.

As a university student, I pay much attention to physical exercises. I do some swimming in summer and some skating in winter. I often play badminton and tennis. I am also careful with my diet. In a way, keeping healthy is not very hard if you just take it seriously.

【分析】

文章开门见山地点出了主题:Good health is very important to everyone. 然后作者很巧妙地用了 with 和 without 这两个介词从正反两个方面举出了具体的事例来支持自己的观点。第二段的开头句紧扣提纲,概括地提出保持健康有两种方法,并且通过 first, second 这样的指示词,使所列举的事实条理化。最后一段告诉读者自己的做法,也紧扣了提纲。

Sample 2

Directions: For this Part, you are allowed 30 minutes to write a composition on the topic "Losing and Gaining Weight" according to the following outline. Your composition should be less than 120 words. Remember that the contents of the outline should all be included in your composition.

Outline:

1. The comparison of one's body to a car: the similarities and differences between one's body and one's car
2. The ways for gaining weight and losing weight
3. My own practices

【范文】

Losing and Gaining Weight

The process of gaining or losing weight can be explained by comparing your body with your car. First, your car can't run if there is no petrol or diesel oil, because it needs energy. The same thing happens to your body. Your body also needs energy. The food you eat can be converted into energy, with which you can run, you can talk, you can do everything. Second, if you eat too much you will gain weight. We know a car with too heavy load can not run quickly and safely. Maybe it will break down. For the same reason, if you are too fat, it is also very inconvenient and dangerous. You might get heart disease, diabetes, hypertension and so on. If such things happen, the doctor would ask you to lose weight.

If you eat too much and don't take exercise, you'll gain weight. So if you want to lose weight you have to do the opposite. You will be on a diet. You will go out and do some exercises, such as running, swimming, playing football, etc. Soon, you'll be back in good condition and good shape again.

As far as I am concerned, I get up and go to bed early, do plenty of exercise everyday, and pay special attention to the food I eat as well. I don't eat too much meat. Instead, my diet consists of vegetables, fruits, eggs, fish, and beans. By doing this I can keep fit.

【分析】

这篇文章先用比较对比法比较了人与车之间的相似之处。第一段的最后一句话起了承上启下的作用。接下来作者谈了如何减肥，最后很自然地过渡到作者自己的做法。

4. 图表作文 (Graph Composition)

4.1 写作要领(Main Points)

图表作文要求用文字材料把图表中所提供的信息准确、完整地表达出来。在写作图表作文时，首先要仔细观察并分析图表，以及题中所给出的有关信息，比如，作文题、英文提纲、英文提示、英语关键词等。在分析图表时，要抓住与主题有关的信息，发现数据呈现的规律，充分利用图表中的图形、数据等去说明主题。但是注意不要过多地引用数据，以免造成滥用数据的后果。另外，在写作图表作文时可以套用一些常用词汇或表达方式，这将有助于写出较为地道的图表作文。

4.2 作文示例及分析(Samples with Comments)

Sample 1

Directions: For this part, you are allowed 30 minutes to write a composition of no less than 100 words on "Changes in People's Diet." Study the following table carefully and your composition must be based on the information given in the table.

Food \ Year	1986	1987	1988	1989	1990
Grain	49%	47%	46%	45%	45%
Milk	10%	11%	11%	12%	13%
Meat	17%	20%	22%	23%	21%
Fruit & Vegetables	24%	22%	20%	20%	21%
Total	100%	100%	100%	100%	100%

1. State the changes in people's diet(饮食)in the past five years.
2. Give possible reasons for the changes.
3. Draw your own conclusion.

You should quote as few figures as possible.

【范文】

Changes in People's Diet

As can be seen in the table, there have been great changes in people's diet in the past five years. Grain used to be the Chinese' main food, but now it is playing a less important role in people's diet, while the consumption of some high-energy food, such as milk and meat, has increased steadily.

What caused these changes? I think the reasons are as follows. First, the open policy brings the people opportunities to earn more money. Second, people nowadays pay more attention to the structure of their diet. They are seeking the most reasonable diet structure, which will do good to their health.

From the above, we can see that with the development of the country, the level of the Chinese people's life has risen in the past five years. I'm sure there will be greater changes in the future.

【分析】

文中第一句话就明确告诉我们这是一篇图表作文。接下来根据图表分析了在过去的五年中人们的饮食结构都发生了哪些变化，最后预测将来人们的生活水平还会发生更大的变化。尽管在这张图表中有很多数据，但作者并没有过多地引用这些数据，而是通过相关数据把要说明的问题点了出来。

Sample 2

Directions: You are allowed 30 minutes to write a composition of no less than 120 words on the topic "Changes in Chinese Professions." The charts show the different proportions of Chinese engaged in three main professions in 1980 and 1999. You should write about the information shown in the charts and make a brief comment on it.

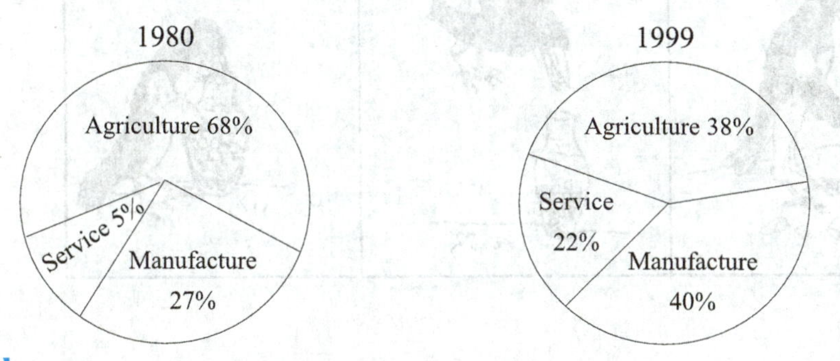

【范文】

Changes in Chinese Professions

China's fundamental social changes have brought in great changes in Chinese professions. As shown in the pie charts, there is a huge expansion in workers and service employees by 30 % and a sharp reduction in peasants by 30% in the past 20 years.

The changes may be based on the following reasons. On the one hand, the reform and opening-up policy two decades ago resulted in the fast development of manufacturing and service, which attracts a large amount of people engaged in the second and tertiary industry. On the other hand, the progress of socialist modernization has broken the social flow system barriers.

The rising of employees in service reflects the fact that China's industrial structure is becoming more service-oriented.

【分析】

作者在这篇图表作文中很好地利用了图表以及题目中所给的提示，文章结构完整，意思表达清楚，较好地完成了一篇图表作文所应该表达的内容。

5. 看图作文 (Picture Composition)

5.1 写作要领 (Main Points)

图画作文通常是提供一幅漫画,要求考生仔细观察、分析图画的内容,根据其所隐含的信息写一篇短文。一般来说,图画反映某种社会现实或现象,或讽刺,或针砭时弊,或呼吁以引起公众的注意。图画作文一定要仔细审题,分析图画的内容以及猜测出题者的意图,常见的结构是:陈述事实——分析原因——得出结论或提出建议或做出评论。

5.2 作文示例及分析(Samples with Comments)

Sample 1

Directions: Look at the pictures below and write an essay entitled "The Crow Drank the Water" in about 120 words. Your essay should meet the following requirements:

1. a description of the picture
2. your comment on this phenomenon

【范文】

The Crow Drank the Water

Long long ago, there was a very clever crow. One day, she was thirsty. She wanted to find some water to drink. Then she looked for water everywhere. Finally she saw a bottle, in which there was a little water. But the bottleneck was long and narrow. Her beak was not long enough to get the water. What should she do?

She thought and thought. On seeing that there were a lot of small stones beside the bottle, she worked out a good idea.

The crow picked up the stones one by one and put them into the bottle gently. The water in the bottle was rising slowly. And she was able to drink the water at last. How clever the crow was!

【分析】

作者十分巧妙地运用了图画中的信息,将乌鸦喝水的过程进行了简单的描述,层次分明,结构合理。

Sample 2

Directions: Look at the picture below and write an essay entitled "He Failed to Get the Water" in about 120 words, making reference to the following two points:

1. a description of the picture
2. your comment on this phenomenon

【范文】

He Failed to Get the Water

Failing to find the water, the worker, with a cigarette in his mouth and a spade in his hands, is leaving the holes he has dug. The five holes are of different depths, but none is deep enough to reach the water. When he digs the last hole a few inches into the earth, he loses patience and concludes that there is no water where he has dug. Therefore he decides to dig in another place.

Actually there is great deal of water beneath the holes. If he continues to dig a few inches more into the earth, he is sure to find the water. He fails all because of his lack of patience and perseverance.

A task, no matter how difficult it is, can be fulfilled provided that one holds to it with firmness, patience and perseverance. As the proverb says, "With time and patience, the leaf of the mulberry becomes satin." It is the patient toil and constant effort that bring about success.

【分析】文章结构合理，思路清晰。

练习(Exercises)

I. Directions: For this part, you are allowed 30 minutes to write a composition on the topic "Challenges." You should write at least 120 words and you should base your composition on the outline (given in English) below:

1) There are challenges everywhere in our life.

2) Some people give in in front of the challenges.

3) Achievements belong to those brave people who always welcome challenges.

II. Look at the graph below and write an essay entitled "Overseas Students Returning" in about 120 words. Your essay should cover these three points:

1) The effects of the country's overseas students returning;

2) The possible reasons for the effects;

3) Your prediction of the tendency of the overseas students returning.

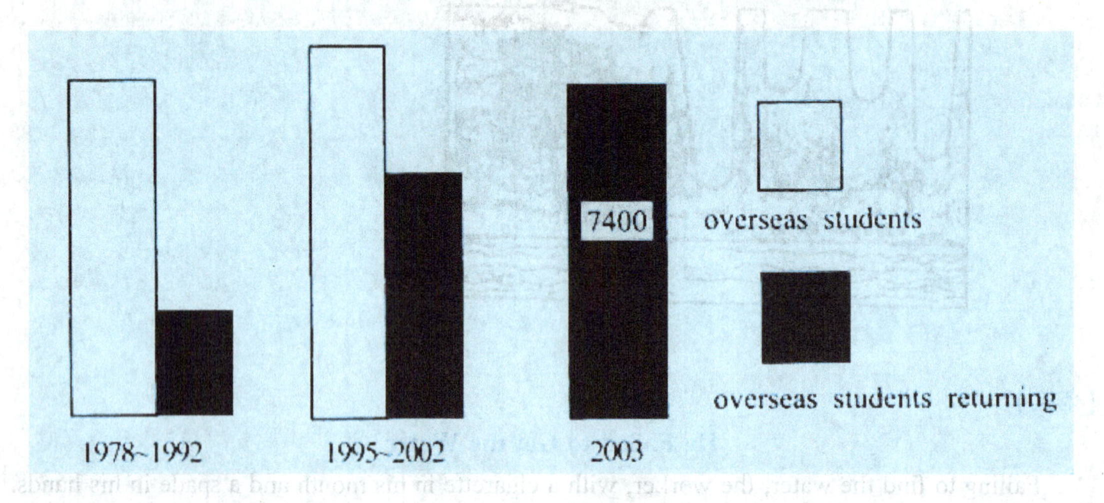

III. Look at the table below and write an essay entitled "Income Sources of College Students" in about 120 words. Your essay should cover these three points:

1) 概括说明中美大学生的主要收入来源；

2) 分析一下产生这种不同现象的可能原因；

3) 我对其将来趋势的预测。

Examinees / Income Sources	American Students	Chinese Students
parents	50%	90%
part-time jobs	35%	5%
scholarships	15%	5%

IV. Look at the picture below and write an essay entitled "A Traffic Accident" in about 120 words.

V. Directions: For this part, you are allowed to write a composition on the topic "On the Development of Tourism." You should write about 120 words and you should base your composition on the outline below:

1) Tourism is developing rapidly in China
2) Benefits and problems
3) Your opinions

VI. Directions: For this part, you are allowed to write a composition on the topic "Is Pressure a Bad Thing?" You should write about 120 words and you should base your composition on the outline below:

1) 许多人害怕压力；
2) 但是压力并不一定是坏事；
3) 如何应付压力。

VII. Directions: For this part, you are allowed 30 minutes to write a composition on the topic "Environment and Us." You should write at least 120 words and you should base your composition on the outline (given in Chinese) below:

1) 环境对于人类十分重要。
2) 从我们做起，保护环境。

Unit 3

标点符号
(Punctuations)

1. 概说 (Introduction)

在谈话的时候，说话者是靠停顿和语调把意思表达得更清楚。在写作时，作者就要使用标点符号来表示句子成分之间的关系。所以，标点符号有助于明确或强调句子的意思。英语写作中主要的标点符号如下：

(1)逗号 【,】(Comma)
(2)分号 【;】(Semicolon)
(3)冒号 【:】(Colon)
(4)引号 【"…"】(Quotation Mark)
(5)破折号【—】(Dash)
(6)括号 【( )】(Brackets)
(7)句号 【.】(Full Stop or Period)
(8)问号 【?】(Interrogation Mark or Question Mark)
(9)感叹号【!】(Exclamation Mark)

2. 用在句子当中的标点符号 (Inside a Sentence)

2.1 逗号【,】表示句子内部的一个短促的停顿。它主要用在以下句子结构中：

(1) 同位语

- This is the book, the text book for the course of marketing.
  就是这本书，是市场营销这门课的教材。

(2) 独立成分

- Well, let me see. 好，让我看看。
- Listen, let me tell you what happened. 听着，我告诉你是怎么回事儿。

(3) 插入语的前后

- My supervisor, in fact, has done very little work to help me.
  我上司，说实话，没怎么帮我。

(4) 主语、表语或宾语

- Tom, Marry, Harry and John are all trying very hard to do this task.
  汤姆、玛丽、亨利和约翰都在努力地完成这项任务。
- The director of marketing is kind of responsible, helpful, supportive and nice person.
  市场部经理是一个有责任心、愿意帮助人、又很善良的人。
- Mother sent me some postcards, a few books, an English dictionary and some pictures.
  妈妈寄给我一些明信片、几本书、一本英语词典和一些照片。

(5) 非限制性定语从句

- Mr. Brown, the president of the company, will deliver a speech at the meeting.
  布朗先生,这家公司的总裁,将在这次会上发表讲话。

(6) 并列句中连词的前面,如:and, but, or, for, so, not, yet 等。

- Use your head, and you will find a way. 动动脑子,你会有办法的。
- He doesn't feel like to do this, but I would like to try it.
  他好像不愿意做这个,但是我想试试。

(7) 状语从句或短语(包括介词短语和分词短语)如放在句子的主语前面,或放在句子中间时,后面应用逗号。

- If you are interested in it, plese communitate with us. 如果感兴趣,请和我们联系。
- Her response, when I asked her, was a shake of her head.
  当我问她的时候,她的回答是摇摇头。
- We should learn from and help each other, to make up for each other's deficiencies.
  我们要互相学习,互相帮助,取长补短。

(8) 表示任何我们感到需要停顿的地方。

- This can be, and should be, corrected. 这个可能要,也应该是要纠正的。

(9) 标写日期和地址。

- The conference was scheduled for the 3rd of June, 2008.
  这个会议计划定于2008年6月3日召开。
- I came to China on July 18, 2006. 我是于2006年7月18日来中国的。

2.2 分号【;】表示的停顿比句号短,比逗号长,它主要用于以下情形:

(1) 两个并列从句之间如不用连词(and, but, or, not, for, so, yet 等),应用分号。

- No one is born with knowledge; knowledge must be taught and learned.
  没有人天生就有知识,知识是后天教会和学会的。
- The work is getting hard; we must learn more about how to deal with it.
  这工作越来越难做了,我们必须要学更多的东西来应对。

(2) 连接两个等立的分句,如果其中一个(或更多)里面含有逗号。

- Luckily, I did take some courses about marketing; and these courses really helped me a lot for my work. 我的确学了一些关于市场营销的课程,而这些课程确实给我的工作带来了很大的帮助。
- Unfortunately, Lisa couldn't come; and her absence made things difficult.
  不幸的是,丽萨不能来。她不来事情不好办。
- When we started, the sky was clear; but before we had gone far, it began to rain.
  我们走的时候,天还是晴的,可没走多远,就开始下雨了。

2.3 冒号【:】主要用于以下几个结构中:

(1) 用于列举。

- I summitted my three reports to my supervisor: one for marketing, two for developing new products. 我把报告交给上司看了,一个是关于市场营销的,另外两个是关于研发的。

(2) 用于引语或陈述句之前。

- We should remember one saying by Confucius: "To say you know when you know, and to say you do not when you do not, that is knowledge."
  我们应该记住孔子说的话"知之为知之,不知为不知,是知也。"

(3) 用于附加的解释性分句前面。

- What I said hurt Tom. I am very sorry for that: he is such a nice person.
  我说的话伤害了汤姆,非常对不起他,他是一个多么好的人。

(4) 用于标记小时与分钟;表示赛事的比分;用在商务信件的称呼后面;用在演讲词中对主席和听众的称呼后面等等。

- The flight to Beijing departures at 9:02 a.m. 去北京的航班上午九点零二分起飞。
- The Bull beat Rocket 105:101 in the basketball game this morning.
  今天上午的篮球赛,公牛队以105比101战胜了火箭队。
- Dear Mr. Brown: (在个人信件中逗号更常见)尊敬的布朗先生:
- Mr. President, ladies and gentlemen: (演讲的开始部分)总统先生,女士们、先生们:

2.4 引号【"…"】主要用来表示它中间包入的成分是一句引语:

(1) 直接引语的两端用双引号(间接引语不用引号),对话和引文都是如此。引语中的引语用单引号。

- I smiled. "You don't mind?" 我微笑地说:"你不介意吗?"
- He shook his head. "I promised I wouldn't interrogate you. The past is past. I don't need to know." 他耸耸肩说:"我保证过不再问你任何问题。过去的已经过去了。我不需要再知道什么了。"
- The manager asked: "Who said, 'I will manage it'?"
  经理问道:"谁说的'我要管这事'?"

(2) 记录两人或更多人的谈话时,每个人说的话以及表示说的动词和有关的描写,不管长短,都应成为独立的一段。下面是一段两个人的对话:

- "Sorry, I'm late," she said. "This stuff is heavy."
  "What is it?" I said.
  Zoie grinned. She went to the window display and took out the red shoes that have been sitting there for the past couple of weeks.
  "I've been thinking we are due for bit of change. How about a new display?"
  I smiled at that. "Of course," I said.

"对不起,我来晚了。"她说,"这东西真沉。"
我问:"这是什么?"
佐伊笑而不答。她去了橱窗那里,把那双摆在那里几个星期的红鞋子取出来。
"我一直在想我们应该有点变化了。我们来个新的橱窗展怎么样?"
我微笑着说:"当然。"

(3) 有时也可用来表示书名、剧名和文章的题目等等。

- Have you read "Chicken Soup for College"? 你读过《心灵鸡汤》这本书吗?

(4) 用于表示特殊意义的词汇,以引起读者对这个词的注意。

- Do you know the difference between "American English" and "British English"?

你知道"美式英语"和"英式英语"的区别吗?

2.5 破折号【—】主要有以下作用:

(1) 用在一个解释性的分句或句子前面

- It's quite a little party in there—some friends from school, I think.
  这里有一个小聚会,我觉得是一些学校的朋友。

(2) 用在一个解释性的插入语的前面和后面

- "The name on my passport—the name I'll have to give at the registry office—"I took a breath. "It's not the name I'm using now." "我护照上的名字——这个我必须告诉注册办公室的名字——"我吸了一口气:"这不是我现在用的名字。"

(3) 用于表示没有说完的话或被打断的话

- "Oh, really, Vianne—"
  "Don't call me that!"
  "哎,真的,威尼——"
  "别那么叫我!"

(4) 用于表示思想的中断或语气的改变

- "Zoie's going to be here in a minute—Then let's go upstairs before she does."
  "乔伊马上就到了——那我们在她来之前快上楼吧!"

(5) 总结前面列举的若干内容

- Poor management, insufficient supply of raw material, and shortage of skilled workers—these were the main causes of the failure of the factory.
  管理不善、原材料的供应不足以及缺少技术工人,这些都是这个工厂倒闭的主要原因。

(6) 用来表示副标题或作者

- The Lollipop Shoes
  —Jane Harris

2.6 括号【( )】用来表明插入性、补充性或注释性的词语:

- This writer was born in America(1760—1827). 这位作家(1760—1827)生于美国。
- A delegation from WTO (World Trade Organization) is to visit China.
  WTO(世界贸易组织)的一个代表团将要访问中国。

3. 用在句子末尾的标点符号 (At the End of a Sentence)

句号、问号和感叹号主要用在句子末尾,表示较长的停顿。

3.1 句号【.】

(1) 用在陈述句、语气舒缓的祈使句和间接引语问句之后

- She went out with her hat on. 她戴着帽子出去了。
- Put your hat on. It's cold today. 戴上帽子,今天冷。
- The students asked how to use the punctuation. 学生问如何使用这个标点符号。

(2) 用在一些省略词的后面

Mr. Mrs. Dr. U.S.A a.m. p.m.

3.2 问号【？】用在直接问句、反意问句和否定问句之后，但间接问句后不用问号：

- "Do you want to join us?" "你想和我们一起做吗？"
- She looked up at that, "Do you think they fit?"
  她抬头看着那东西说："你觉得它们合适吗？"
- You have already got a new job, haven't you? 你已经找到新工作了，不是吗？
- It's a wonderful concert. Don't you want to come with us?
  这音乐会太棒了！你不想和我们一起去看吗？

3.3 感叹号【！】用在感叹句以及抒发某种强烈感情的感叹词或短语后面：

- What a lovely shirt! 多漂亮的衬衣啊！
- Help! Help! 救命！救命！
- "You are his friend." "No! I am not!" "你是他的朋友。""不！我不是！"

Part III

英语应用文写作
(Practical Writing)

Chapter I

英语应用文概述
(General Remarks on Practical English Writing)

应用文是人们在日常的工作、学习和生活中,办理公务、处理私事时所使用的一种实用性文体,包括日常生活或工作中经常应用的书信、个人简历、申请书、常见表格、通知、海报和启事、求职信、演讲、合同样本等。随着改革开放的深入,各种国际间交流的增多,英语应用文的使用已成为人们日常生活中越来越常见的现象。同时高等学校英语应用能力考试(AB级)和剑桥商务英语(BEC)考试中的写作部分也重点强调对英语应用文的使用。因此掌握各种英语应用文类型也就变得越来越重要。

根据应用文在不同环境下的不同功能及其不同格式，我们将其分为四大类:社交书信(Social Letters)、简历(Resumes)、表格(Forms)和其他日常应用文写作(Writings for Daily Use)。

Unit 1

英语应用文写作的相关知识
(Knowledge of Practical English Writing)

1. 英语应用文写作的特点

- 具有特殊的语言风格、惯用格式和专用的词汇与语句；
- 英语应用文一般需要开门见山，一开始就明确地表达主要意思或目的；
- 确保事件、数字、日期等信息的准确传达和标点符号的正确使用。

2. 英语应用文的句子特点

- 应用文中的句子包括“自造句”和“模板句”两种：“自造句”是根据所要表达的含义完全自主创作英文句子，其基础是语法知识；“模板句”是利用优美句子的骨架做模板而创作句子。“自造句”和“模板句”搭配使用。
- “自造句”以简单句为主，注意句型多样化，加入强调句、倒装句、虚拟语气，并且点缀少量复合句。
- “模板句”以背诵为主，本教材应用文范例中黑体字部分全部是模板句。应用文中使用模板句，会使文章更符合英文表达习惯。

3. 英语应用文常用的标点符号

标点符号在英语应用文中起着举足轻重的作用。英语应用文中最常用的标点符号包括逗号(,)、冒号(:)、分号(;)和句号(。)。关于标点符号的使用请参照本教材 Part II, Chapter III, Unit 3，这里只想再次引起读者的注意。

Unit 2

英文信函的书写格式
(Layout of English Letter Writing)

1. 英文书信概述 (General Remarks on English Letters)

书信是日常生活中常用的文体,是用以交涉事宜、传达信息、交流思想、联络感情、增进了解的重要工具。书信一般可分为商务信件或公函 (Business Letters or Official Correspondences)和社交信件(Social Letters)两大类。商务信件是商务活动中的来往信件,应用于商务活动中的各个环节。社交信件是人们在日常的家庭和社会生活中交往用的书信,目的是为了加强联系和信息交流。 本教材重点介绍社交类书信。

2. 书信的格式 (Layout of English Letters)

英文书信格式可以分为三种:板块式、半板块式和缩进式。

2.1 板块式 (Block Format)

板块式(也叫齐头式),其特点是信内所有部分都从左边起头。每行左边上下对齐,成一直线。

Sample:

______________ Heading
____
____
______________ Date
______________ Inside Address
____
____
______________ Salutation
Body of the letter
____
____
______________ Complimentary Closing
______________ Signature

2. 2 半板块式 (Semi-blocked Format)

半板块式与板块式基本相同,只是日期、结尾、签名均从信纸中央偏右起写,其余部分从左边起写,左对齐。

Sample:

________________ Heading
____
____
                                                ________________ Date
________________ Inside Address
____
____
________________ Salutation
________________ Body of the letter ________________
____
                                                ________________ Complimentary Closing
                                                ________________ Signature

2. 3 缩进式 (Modified Block Format)

缩进式与半板块式基本相同,其不同之处在于:正文中每一段第一行缩进 4 到 5 个字母。

Sample:

________________ Heading
____
____
                                                ________________ Date
________________ Inside Address
____
____
________________ Salutation
    ____________ Body of the letter ________________
____
                                                ________________ Complimentary Closing
                                                ________________ Signature

3. 信封的格式（Layout of an Envelope）

信封上的收信人姓名及地址的写法必须和信内地址一致，位置一般在信封的正中，可用齐头式，也可用缩入式。信封右上角贴邮票，左上角写寄信人姓名及地址。

3.1 齐头式（Block Format）

stamps

Li Xia
689 Beijing Road
Shanghai, 213509
China

Mr. John Smith
32 Rose Avenue
New York, N.Y. 100101
U.S.A.

3.2 缩入式（Indented Format）

stamps

Li Xia
  689 Beijing Road
    Shanghai, 213509
      China

Mr. John Smith
  32 Rose Avenue
    New York, N.Y. 100101
      U.S.A.

3.3 托人转交信的信封

信封上收信人处先写上收信人姓名，再写上 C/O(in care of)的字样，后跟转交人的姓名及地址。如让 Helen Smith 转交 John Smith 一封信的信封是：

stamps

Li Xia
689 Beijing Road
Shanghai, 213509
China

Mr. John Smith
C/O Helen Smith
32 Rose Avenue
New York, N.Y. 100101
U.S.A.

英文信函的构成部分
(Elements of English Letter Writing)

英语书信通常包括下面七大组成部分:信端(Heading)、写信日期(Date)、信内地址(Inside Address)、称呼(Salutation)、正文(Body of Letter)、结束语(Complimentary Closing)、签名(Signature)。有时还包括附件(Enclosure)、再启(Postscript)等。

1. 信端 (Heading)

信端即信头,给亲友写信时,信头里只写门牌号码、街道名和城市名,以及写信日期。如果是正式的商务信函,信头还包括发信人公司的名称、电话号码及邮编等。

写信端时,先写发信人的地址。英文地址的写法与汉语正好相反,即按照从小到大的顺序书写,其顺序是:门牌号、街道、乡镇、县市、省、国名。比如"中国北京王府井路 123 号,邮政编码 100812"这个地址,可以写成 123 Wangfujing Road Beijing 100812 China。

2. 日期 (Date)

写日期时,月份名称可以是全称或用缩写形式,但是 May, June, July 不缩写。九月份(September)是由前四个字母构成缩写,即 Sept.,其余月份则由前三个字母构成缩写,如 January (Jan.), February (Feb.), March (Mar.), April (Apr.), August (Aug.), October (Oct.), November(Nov.), December(Dec.)。

日期的顺序通常有两种:英国式和美国式。英国式的写法是以日为先,月份为后;美国式则与之相反。

3. 信内地址 (Inside Address)

信内地址指收信人的姓名和地址。一般的公务信函或给不熟悉的人的信函都需写明信内地址,而在给熟人的信中则可省去。信内地址写在信纸的左上角,与信封上的地址完全一致。

4. 称呼 (Salutation)

对收信人的称呼应自成一行,写在低于信内地址一两行的地方,左边要与信内地址第一行对齐,每个词的开头字母要大写。称呼用语可视写信人与收信人的关系而定。

写英文信函时,称呼用语要注意以下几点:

1) 对没有头衔的男性一般称呼 Mr. 。Mr. 用在姓氏之前或姓氏和名字之前,不可只用在名字之前,如应该是 Mr. White 或 Mr. Phil White, 不可是 Mr. Phil。

2) 对女性一般称呼 Mrs., Madam 或 Miss。Mrs.用在已婚女子的丈夫的姓氏之前,或姓氏和名字之前,一般不用在名字前。 Madam 可以单独使用或加在丈夫的姓氏之前。Miss 多用于未婚女子,用于姓氏之前或姓氏和名字之前,一般不用于名字之前。

3）对收信人的称呼，也可用头衔或职位的名称，不分性别。例如 Professor （缩写为 Prof.），Doctor（缩写为 Dr.），General（缩写为 Gen.）。这些称呼都放在姓氏之前或姓氏和名字之前，如 Prof. (Phil) White 等。

4）对外公函中对收信人的称呼，可用 Gentlemen（而不是 Gentleman），Dear Sir(s)和 My dear Sir(s)等。Gentlemen 之前不能加 Dear，后面也不能带姓名。用 Sirs 时，前面常用 Dear 一词，但也可单独用 Sirs。若收信人是女性，则无论已婚或未婚，都可单独使用 Madam 或其复数 Mesdames。

5）写给家人、亲戚和关系密切的朋友时，一般在 Dear 或 My dear 之后分别加上表示亲属关系的称呼或直书其名。如：Dear Mother，My dear Mary，Dearest Jerry 等。

5. 信的正文（Body of Letter）

信函的正文可以根据书信内容分为几个段落。在写事务性信件时，正文一般开门见山，内容简单明了，条理清楚。

6. 结束语（Complimentary Close）

结尾客套语相当于中文书信中的"此致"、"敬礼"等句，写在正文最后一行的下一行或隔一行。结束语是写信人表示自己对收信人的一种谦称，第一个词的开头字母要大写，末尾用逗号。结束语的使用因人而异，取决于发信人和收信人之间的亲疏关系和熟悉程度。正式的商务信函需要的礼貌程度比普通的私人信函要高，因此，商务信函的结束语与私人信件略有差别。

用于私人信件	用于商务信函
Love,	Sincerely yours,
Yours,	Sincerely,
As ever,	Cordially yours,
Sincerely,	Yours sincerely,
Sincerely yours,	Yours truly,
Yours sincerely,	Yours cordially,
With love,	Respectfully yours,
Best wishes,	
Yours truly,	
Affectionately,	

尽管两种信件中结束语的礼貌程度不同，但 Sincerely 和 Yours truly 都最为常用。

7. 签名（Signature）

信末的签名一般低于结束语一两行，从信纸中间偏右的地方开始写。签名最好是写信人亲笔，手写后可附打印的全名。署名下方可注明写信人的职务。

8. 附件（Enclosure）

信件若有附件，应在左下角注明 Encl. 或 Enc.。有时还需要写明附件数目及内容。如：

Enc: Resume

Encls: Grade Certificates

如果发信人希望收信人知道还有其他副本同时送交他人，可以在信左侧顶格或 Encl.下面写上 Carbon copy to 或者 Copies to，或缩写成 Cc，如：

Cc: Mr. Andrew White

9. 再启（Postscript）

再启部分用于补叙正文中遗漏的话，一般应尽量少用，正式的函件中更应避免使用。再启一般在附件下两三行处顶格用缩写字母 PS 或 P.S.表示，如：

P.S. Don't forget to tell me your new address.

Chapter II

常见社交书信类型及范例
(Social Letters and Samples)

求职信
(Letters of Application)

求职信是写信人就某一职位向收信人提出请求。作为一种公务性的正规信件,求职信的语言要求既有礼貌又有专业水准。对自己的能力应客观描述,不要夸大其辞。

1. 求职信的基本要点 (Main Points Included in Letters of Application)

首段:说明写信的目的,介绍自己是谁,表明自己申请这一职位的强烈愿望,这一段要写得简短而又能吸引收信人的注意力。

正文段落:介绍自己的学历或工作经历,本人的个性,已经取得的成绩,说明你为何对这一职位感兴趣以及你对未来的打算等等。

结尾段:表示感谢和期待对方给自己的申请以优先考虑。这段尤其要注意语气应礼貌而又自信,请求得到面试的机会。

2. 常见实例 (Samples)

Sample 1:

John Smith
Manager of Human Resources
Scientific Research, Inc.
4000 International Parkway
Atlanta, GA 39907
Dear Mr. Smith,

Re: Secretary Position

I would like to apply for the vacancy of secretary. And I believe five years' experience as secretary to the president of an international corporation will qualify me for your executive secretarial position.

Throughout my career I have demonstrated for my employers an exceptional facility for meeting organizational objectives and demands. My duties as an executive secretary have included the routine obligations plus extensive experience in communicating with various kinds of people and traveling to foreign countries.

The attached resume details my business and academic background.

Thank you for your consideration of my application. Hope to meet you in the near future.

Yours sincerely,

Li Na

参考译文:

亲爱的史密斯先生:

回复:秘书职位

我想申请秘书这个职位。我相信外企5年秘书工作经验应该使我有能力胜任贵公司的秘书职位。

在我工作期间表现出了良好的个人能力。我的工作除日常职责外,还包括与各方面的联系及出国业务等。

附件中的简历详细描述了我的学历和工作经历。

感谢您考虑我的申请。希望能尽快和您面谈。

您的诚挚的,

李娜

Sample 2:

Dear H.R. Manager,

I would like to apply for a foreign trader position in your company.

I will graduate from East China Jiaotong University with a bachelor's degree in International Trade this July.

In college we have courses related to economics and trade. Besides major study, I am also interested in management. *In addition, I have excellent problem-solving skills* and feel that, if given the opportunity, I would be an immediate as well as a long-term asset to your firm.

Professor Zhao Rui of East China Jiaotong University will be glad to tell you more about my character and ability. Please feel free to contact me if you can arrange an interview for me. I can go for the interview anytime.

Thanks for considering my application and I am looking forward to your reply.

Best regards,

Wang Fang

Sample 3:

Dear Sirs,

I have just read in the newspaper that a secretary of English is wanted in your company. I am therefore writing to you to introduce myself. I'd like to get the job.

I am a girl college student of 22 years old. My name is Li Li. I am studying in the language department. I can speak, read, and write English well. As for a second foreign language, I can read and speak a little Japanese. I have some working experience as a typist during my spare time at school and a tourist guide during summer holidays. *The bosses I worked for were all satisfied with my work. I am sure I'll satisfy you as well.*

I hope you will consider my application and I look forward to meeting you. I can visit your office at any time for a talk or a test.

Faithfully,

Li Li

3. 求职信常用表达和句型 (Useful Expressions and Sentence Patterns)

3.1 常见开头用语

1. I am writing in response to your advertisement in *Beijing Today* of August 6...
   我看到了8月6日贵公司在《今日北京》上刊登的招聘广告，于是写信……
2. I think I am the right person for the job you advertised, because...
   相信我是你们招聘职位的最佳人选，因为……
3. I am glad that I feel quite qualified for the position you advertised.
   对于你们在广告中所招聘的职务，我高兴地感到自己有资格申请。
4. I would like to apply for the vacancy of...
   我想申请……这个空缺职位。
5. I am writing this letter to recommend myself as a qualified candidate for the job of...
   我认为我是……工作的合格人选，所以我写信推荐自己。

3.2 常见结尾用语

1. Should you grant me a personal interview, I would be most grateful.
   如果您能给我面试的机会，我将不胜感激。
2. Thanks for considering my application and I am looking forward to your reply.
   谢谢您考虑我的申请，期待着您的回复。
3. If you need to know any more about me, please contact me at...
   如果您想了解我的更多信息，请……联系我。
4. Any favorable consideration of my application would be appreciated.
   感谢您对我的申请的积极考虑。

5. I have enclosed my resume.
我已将简历附上。

练习(Exercises)

I. Translate the following blanks into English to complete the letter.

Dear Ms. Hendrady:

______1______(我想申请贵公司的销售代表这个空缺职位), as advertised in the May 28 edition of *China Daily*.

I had successfully completed the courses directly related to marketing four years ago. In these courses, I had acquired skills in marketing, management relations and communication. This background ______2______(使我能够胜任这个职位).

As a graduate from the Foreign Trade University, I feel very confident and ______3______(能够讲流利的英语), for I had got an excellent score in TOEFL. ______4______(我相信我的教育和经验能够在这个岗位上发挥作用).

Enclosed are my resume and three photos. I would appreciate the opportunity to discuss my qualification with you. ______5______(谢谢您考虑我的申请,期待着您的回复).

Sincerely yours,
(Miss)Diana Zhang

II. Translate the underlined sentences in Sample 2 and Sample 3.

III. Writing Practice

1. 假如你是李杰,毕业在即。给深圳雄风投资有限公司人事部经理写一封求职信。申请做进出口贸易方面的业务员。信的内容包括:
(1) 申请这份工作;
(2) 介绍自己的情况:七月份就大学毕业;没有工作经验但是学习成绩一直很好;
(3) 希望自己能够有面试机会。

2. 假如你是王方，看到惠普公司在广告中招聘总经理秘书的职位。请按要求写一封求职信，申请这个职位。信的内容要包括：

(1) 表明自己能够胜任总经理秘书的职位；

(2) 介绍自己的情况：毕业于北京技术学院；主修企业管理；各门成绩都是优良；速记和打字的速度分别是每分钟 90 字和 70 字。

(3) 期待对方的答复。

辞职信
(Letters of Resignation)

由于种种原因,在某一公司或机构工作的员工要正式提出辞职,就需要写辞职信。辞职信必须写明辞职的理由,并且提出辞职的具体时间。辞职信应言词诚恳,语气委婉。

1. 辞职信的基本要点 (Main Points Included in Letters of Resignation)

首段:说明写作目的,简单说明辞职的请求。

正文段落:具体阐述放弃某份工作的原因。

结尾段:感谢对方的帮助,祝愿公司蓬勃发展。

2. 常见实例 (Samples)

Sample 1:

Dear Mr. Smith,

I regret to inform you that I decide to resign from my present position of typist, effective 26 March, 2008.

Thank you for giving me a chance to learn the valuable experience in your company. *I hope my resignation would not cause you much inconvenience.*

Thank you for your kind attention. I would appreciate it if you could let me have a reference letter before I leave.

I wish the company continued success.

Yours faithfully,

Li Li

参考译文:

尊敬的史密斯先生:

万分遗憾地通知您我将辞去打字员的职位,从 2008 年 3 月 26 日生效。

感谢您给我机会在贵公司学习宝贵经验。希望我的辞职不会给您带来不便。

感谢您的关心。如您能在我离开之前给我写一封证明信,我将不胜感激。

祝愿公司不断取得成功。

您诚挚的,

李莉

Sample 2:

Dear Mr. Bush,

I am resigning my position as sales manager, effective Nov. 30th, 2006.

Recent circumstances incompatible with my personal values require that I change my employment.

Thank you for the chance to work and learn at the Beauty Shopping Mall.

Sincerely yours,

Linda Mast

Sample 3:

Dear Mr. John Smith,

Please accept my resignation as marketing manager. I plan to leave my job here on September 30th, 2009, taking a few days of annual leave just prior to that effective date.

As you know, my primary interest has been in the oil and gas industry. Therefore, I've accepted a position with Fury Refining, Inc., which should put me back in touch with my "first love."

Although I'm eager to accept the challenges in this new position, *I regret leaving the company.* You and the organization as a whole have treated me very well over the past three years. I won't forget the friendship and professional growth I've experienced as an employee here.

Best wishes to all of you here.

Sincerely yours,

David Li

3. 辞职信常用表达和句型 (Useful Expressions and Sentence Patterns)

3.1 常用开头用语

1. I regret to inform you that I wish to give you... weeks' notice of my resignation from the company.
   很抱歉，我希望提前……周时间通知您，我将辞去本公司的工作。
2. This letter is to notify you that I will be resigning my position with the company on...
   此番写信是通知您我将于……辞去公司的职务。
3. I am resigning my position as..., effective...
   自……起，我将辞去……一职。
4. I have thoroughly enjoyed the time at this company and regret having to abandon my work here.
   我很喜欢在这个公司里度过的时光，也很遗憾不得不放弃这份工作。

5. I have obtained a post in which I will have more responsibilities and greater career prospects.
   我已经获得一个职责更多、更有前途的新职位。

3.2 常见结尾用语

1. Thank you for giving me a chance to learn the valuable experience in your company.
   感谢您给我机会在贵公司学习宝贵经验。
2. I would like to express my sincere gratitude for all the help that I have received.
   我想对你们的帮助表示衷心的感谢。
3. It has been my genuine pleasure to work here.
   能在这里工作真是我的荣幸。
4. I wish the company continued success in all your endeavors.
   我希望公司在您的努力下不断取得进步。
5. May I take this opportunity to wish you all the very best for the future.
   借此机会祝愿您一切都好。

练习(Exercises)

I. Translate the following blanks into English to complete the letter.

Dear Mr. Wang,

________ 1 ________ (我写这封信是通知您我想辞去我目前在公司的职位).

Though having worked here for merely two months, I, unfortunately, ________ 2 ________ (发现这份工作并不符合我的预期). First of all, ________ 3 ________ (我的工资远远不能令人满意), which barely sustains me in this expensive city. Moreover, so far ________ 4 ________ (我没有机会负责任何具有挑战性的工作).

________ 5 ________ (我为对此可能给您带来的不便致歉).

Yours truly,
Li Ming

II. Translate the underlined sentences in Sample 2 and Sample 3.

III. Writing Practice

1. 假如你是张玲，由于要出国深造，不得不辞去目前会计的工作。请给自己的领导写一封辞职信。信的内容包括：
   (1) 向领导李明提出辞职；

(2) 说明辞职原因是由于自己出国深造；
(3) 向领导表示感谢。

2. 以李明的名义写一封辞职信。信的内容包括：
(1) 提前两周辞去目前在销售部的工作；
(2) 辞职的原因是朋友介绍去金利来公司工作,可以得到提升和加薪的机会；
(3) 感谢公司一直以来的帮助。

Unit 3

推荐信

(Letters of Recommendation)

推荐信是写给单位、学校等介绍或说明应聘或求学人员情况的信件，它从第三方的角度向用人单位或学校提供有关当事人的必要信息或推荐意见。

1. 推荐信的基本要点 (Main Points Included in Letters of Recommendation)

首段：被推荐人的姓名、推荐人和被推荐人的关系等。

正文段落：被推荐人的具体信息，说明他 / 她的资格、能力，以及为他 / 她写推荐信的原因。如果必要的话，可以分几段来描述细节。

结尾段：推荐人表明愿意提供更多的详细信息，注明自己的电话号码、联系方式等等。

2. 常见实例 (Samples)

Sample 1:

Dear Sir or Madam,

It gives me great pleasure to recommend Miss Cheng Wei, a lecturer in my department who has applied to study in your center for one year as a visiting scholar.

I have known Miss Cheng for more than 6 years since she came to my department upon her graduation from Peking University. She is a very experienced and versatile teacher whose teaching ability and research work have impressed me very deeply. She has taught different courses to undergraduates and postgraduates of our university. She has published 10 papers on teaching English as a foreign language. In 2002, she was awarded by our university the prize of "Excellent Teacher."

From what I have known of Miss Cheng, she is a helpful, cooperative and friendly young lady. *I strongly recommend this promising young lady and your favorable consideration to her will be very much appreciated.*

Yours truly,

Gao Yuan

Dean of English Department

参考译文：

亲爱的先生或女士：

非常高兴为我系讲师程薇女士写推荐信，她已申请作为访问学者去贵中心学习一年。

自程女士从北京大学毕业来我系工作至今，我与她相识已6年有余。她经验丰富、多才多艺，教学水平和科研工作都给我留下了深刻的印象。她担任过我校本科生和研究生不同课程的教学任务。已经发表了10篇关于英语教学的论文。2002年，她被我校评为“优秀教师”。

根据我对程女士的了解，她是个乐于助人、善于合作、和蔼可亲的年轻女士。我强烈推荐这位有前途的女士，如能考虑她的申请，我将不胜感激。

您诚挚的，

高远

英语系主任

Sample 2:

To whom it may concern,

*The bearer of this letter, **John Smith**, is one of the brightest young men I have known in advertising.* He seems well on his way to establishing an equally high reputation in advertising.

Mr. Smith had a very unusual combination of qualities. I think he is a gold mine to whoever employs him.

Should you need further information, please do not hesitate to contact me.

Yours sincerely,

Black Green

Department of Advertisement

Sample 3:

Dear Sir or Madam,

It is with great pleasure that I write to recommend Courtney Alexander to you. I have known Courtney for the past two years and have had the pleasure of having her in my United States History class during her junior year. *During that time I have found her to be a bright, diligent and affable young woman.*

Courtney is not afraid of hard work, and is a team player. Her ability to work with her peers is a trait that will benefit her as she moves on to the next level. Through her contributions to her group, Courtney helped not only herself, but also others around her who were not progressing and improving as quickly as she was.

If you have any questions or concerns in regards to Courtney, please feel free to contact me at (111) 111—1111. Thank you for your time.

Sincerely yours,

William R. Morrison, III

College Consultant

3. 推荐信常用表达和句型 (Useful Expressions and Sentence Patterns)

3.1 常用开头用语

1. It is with great pleasure that I take this opportunity to give... a recommendation.
   我很荣幸有机会推荐……
2. I am glad to have this opportunity to recommend to you..., to support his application to your company.
   我很高兴有机会向您推荐……,他已申请去贵公司工作。
3. I recommend... without reservation for the position of...
   我毫不保留地推荐某人……职位。
4. I strongly recommend one's admission to...
   我恳切地举荐……被录用到……
5. I wish to present... for your favorable consideration.
   兹推荐……前来……,请予以考虑。

3.2 常用结尾用语

1. Your favorable consideration of his application for... would be most appreciated.
   若您能对他的……申请给予肯定的考虑,我们将不胜感激。
2. I should be most grateful if you would consider my recommendation.
   如果您能考虑我的推荐,我将感激不尽。
3. I have no hesitation in recommending her and hope that you will consider her application favorably.
   我毫不犹豫地将她推荐给您,希望您能考虑接受她的申请。
4. It would be greatly appreciated if you would give him your kind consideration. If I can be of any further help, please let me know.
   若能考虑他的申请,我将不胜感激。若需要我的进一步帮助,请尽管吩咐。
5. I shall consider it a great favor if you will be kind enough to give her the opportunity.
   如果您能给她这次机会,我将感激不尽。

练习 (Exercises)

I. Translate the following blanks into English to complete the letter.

Dear Sir or Madam,

______1______ (我很荣幸向您推荐我的学生张玲). I have known Miss Zhang for the past two years and have had the pleasure of having her in my history class during her junior year.

During that time ______2______ (我发现她是一位 聪明、勤奋及和蔼可亲的女性). She is not afraid of hard work, and is a team player.

Throughout the year, she worked collaboratively with those seated around her in reviewing notes, going over possible examination material, and working through some of the most difficult concepts. Through her contributions to this group, Zhang Ling ______3______ (不仅帮助自己也帮助了周围的同学) who were not progressing and improving as quickly as she was.

Zhang Ling is undoubtedly a student with the potential for great success at the next level. ______4______ (我热切推荐她能够进入贵大学). ______5______ (如需我进一步的帮助), please feel free to contact me at (555) 555-5555. Thank you for your time.

Sincerely,

Li Ming

College Consultant

II. Translate the underlined sentences in Sample 2 and Sample 3.

III. Writing Practice

1. 假如你是李明,旅游管理系教授,给 Tracy Lee 小姐写一封推荐信。内容包括:
   (1) Tracy Lee 是上海旅游学院学生,主修旅游管理;你曾教过被推荐人两门课程;
   (2) 被推荐人勤奋、热情、开朗并富有团队精神;
   (3) 期望对方考虑 Tracy Lee 的申请。
2. 假如你是某学院英语系的主任,本系教师李明要去 New York University 深造。请你给 New York University 外语系主任 Smith 教授写一封信来推荐李明。内容包括:
   (1) 李明 2003 年毕业于东南大学英语系,毕业后来你处任教;
   (2) 李明乐观可靠,适合做研究和教学工作,受到同事和学生的喜爱;
   (3) 希望对方能够接受李明做研究生。

介绍信
(Letters of Introduction)

介绍信是用来介绍朋友或熟人，内容一般包括介绍人和被介绍人之间的关系；介绍的缘由；被介绍人的情况等等。

1. 介绍信的基本要点（Main Points Included in a Letter of Introduction）

首段：说明介绍人和被介绍人之间的关系；被介绍人的情况。
主体段落：说明情由，即介绍的目的；写明被介绍人希望得到哪方面的帮助。
结尾段：向收信人表达感激之情。

2. 常见实例（Samples）

Sample 1:

John Smith
Baker Publishing Company
60 S. Ninth St.
New York, NY. 10402

Dear Mr. Smith,

I'm writing to introduce to you Mr. Wang, one of my college classmates. He is going to study in a university in your city next month.

Since this will be the first time for him to go to a foreign country, he will possibly be faced with many problems, especially the housing problem. *He hopes to obtain your guidance and help in finding a good apartment to live in.* Since you have stayed there for more than twenty years, so you are surely familiar with things there. *If you can kindly help find a suitable apartment for him, I'll be very grateful.*

Thanks for your attention to this letter and hope to receive your reply soon. *Many thanks for the trouble you will have to take for Mr. Wang.*

Yours sincerely,
Zhang Hua

参考译文：

约翰·史密斯
贝克出版社
南9街60号
纽约州，纽约市10402
亲爱的史密斯先生：

我写这封信是为了介绍我的大学同学小王。他下个月将去您所在城市的一所大学学习。

因为这是他第一次出国，所以他可能会面临很多问题，尤其是住房问题。他希望您能帮他参谋并找到一个合适的公寓。您在那里已经生活了二十多年，对那里一定非常熟悉。如果您能帮他找到合适的住处，我将非常感谢。

谢谢您对本信给予的关注，希望能尽快收到您的回复。烦劳之处，万分感激。

您诚挚的，
张华

Sample 2:

Dear Mr. John Smith,

This is to introduce Mr. Frank Jones, our new marketing specialist, who will be in London from April 5 to mid April on business.

We shall appreciate any help you can give Mr. Jones and will always be happy to reciprocate.

Yours faithfully,
Yang Ning

Sample 3:

Dear Peter,

It gives me great pleasure to introduce to you the bearer of this letter, Miss Li Li. She is a linguistic student at our university.

She plans to visit America for about eight weeks. It's her wish that she could do some work under your direction. *I am sure you'll enjoy meeting her.*

I would consider it a great favor if you would give her your advice and experience.

Yours truly,
Gao Yuan

3. 介绍信常用表达和句型 (Useful Expressions and Sentence Patterns)

3.1 常见开头用语

1. May I introduce... to you?
   我可以把……介绍给您吗？
2. I am writing to introduce..., one of my college classmates in Beijing.
   我写信是要介绍我在北京时的大学同学……
3. Please allow me to introduce one of my best friends to you.
   请允许我向您介绍我最好的朋友。
4. I am very glad to have this chance to write to you to introduce...
   很高兴能有这次机会给您写信介绍……
5. I take pleasure in introducing to you the bearer...
   很高兴能向您介绍持信人……

3.2 常见结尾用语

1. It would be appreciated if you can give her some help.
   如能蒙您帮忙将不胜感激。
2. I would be most grateful if you could lend attention to this letter and contact me at...
   如您能对此信给予关注并用……和我联系，我将非常感谢。
3. I would appreciate it if you could lend... some help while he/she is in...
   ……在……期间如能蒙您提供帮助，本人将非常感激。
4. In addition, I want to express my sincere thanks for your attention.
   另外，真诚地感谢您的关注。
5. Thanks for your attention and hope to receive your reply.
   谢谢您的关注，希望能收到您的回复。

练习(Exercises)

I. Translate the following blanks into English to complete the letter.

Dear Mary,

__________1__________(很高兴能有这次机会给您写信介绍) Mr. John Smith, who is a visiting scholar from University of California. He will stay in our department for one year. I have always expected the two of you to meet, and __________2__________(这看起来是一次很好的机会).

I have given him your telephone number and he may call you if __________3__________(需要你的帮助). I am sure that you will find an outgoing and intelligent man in him just as you. __________4__________(你们很快就会成为好朋友的).

__________5__________(如能蒙您帮忙将不胜感激).

Sincerely yours,

Linda

II. Translate the underlined sentences in Sample 2 and Sample 3.

III. Writing Practice

1. 以王方的名义给李明写一封介绍信。信的内容包括：
   (1) 被介绍人张新是旅游专业的学生；
   (2) 张新现在正在做毕业论文，急需一些参考书，希望能借给他一些；
   (3) 向李明家人问好。
2. 假如你是 Henry，请写一封介绍信，把自己的朋友 Peter 介绍给同事 Anna。信的内容包括：
   (1) Peter 将要加入你们的项目组；
   (2) Peter 是一位效率高、负责任的人，你肯定他和 Anna 会合作愉快的；
   (3) 感谢 Anna 对 Peter 能够提供帮助。

感谢信
(Letters of Thanks)

在日常生活和工作中,感谢信应用范围很广。当收到馈赠、邀请、赴宴、照顾、款待、慰问、吊唁、祝贺时,写信道谢乃人之常情。在商务活动中,对雇员的建议、客户的订货、供应商的优质服务等等,均应写信致谢。感谢信能帮助加强联系、增进友谊、树立企业的良好形象。

感谢信应态度诚恳、热情洋溢,不能过于简短,以免给收信人造成敷衍了事、言不由衷的错觉。

1. 感谢信的基本要点 (Main Points Included in a Letter of Thanks)

首段:表明写作意图,表达感激之情,简单陈述写这封感谢信的原因。

正文段落:详细写明感谢的原因。

结尾段:再次表示感谢并向对方表达自己真诚的祝愿。

2. 常见实例 (Samples)

Sample 1:

P.O. Box 202
Department of English
North China Electric Power University
Baoding , Hebei, 071002
P.R.C.
Feb. 5, 2003

English Language Division
Zhejiang University
Hangzhou 310027
P.R.C.

Dear Mrs. Green,

I would like to convey in this letter my heartfelt thanks to you for the warm welcome you extended to my daughter during her stay in New York.

It was thoughtful of you to introduce her to so many famous professors and learned scholars in your country. She has learned a lot from them. *I would like you to know how grateful I am for* all you have done to make them possible.

Thank you again for your wonderful hospitality and I am looking forward to seeing you soon.

Yours sincerely,
Li Hui

参考译文：

亲爱的格林太太：

我写此信是想告诉您我是多么感激您在我女儿去纽约的时候对她的热情款待。

您细心地把她介绍给一些有名的教授和学者。这使她从中受益匪浅。对此我感激不尽。

再次感谢您的盛情款待，并期待不久再见到您。

您诚挚的，

李惠

Sample 2:

Dear Classmates,

First of all, please allow me to say "Thank you" to all of you. It is very kind of you to see me in hospital.

Your visit has given me much confidence and power to overcome the illness. When I first came to the hospital, I really felt lonely and did not have enough courage and confidence to overcome the illness. *Many thanks for your visit.* It has made me feel that I am not poor and lonely in the world. I am sure I will completely recover from illness in two weeks. I hope that I can see you earlier.

Again, special thanks go to all of you.

Your devoted friend,

Wang Fang

Sample 3:

Dear Alice,

Many thanks for your coming to see me off at the airport.

The warmth of your friendship has accompanied me through the whole flight, *and made my journey pleasant and comfortable.*

I arrived safely at Hong Kong this afternoon. *Thanks again and I will write to you later.*

Sincerely yours,

Jack

3. 感谢信常用表达和句型 (Useful Expressions and Sentence Patterns)

3.1 常见开头用语

1. I would like to convey in this letter my heartfelt thanks to you for...
   在信中我要为……表达我真挚的谢意。
2. Thank you so much for the gift you sent me. It's one of the most wonderful gifts I've ever got.
   非常感谢你给我寄来的礼物，这是我收到的最好的礼物之一。

3. Many thanks for all the good things you have done in helping us to...
   非常感谢您为帮助我们……所做的一切。
4. I would like to take this opportunity to express my great appreciation for your timely help and assistance.
   我谨借此机会感谢您给予我们的及时帮助和支持。
5. On behalf of my whole family, I would like to extend my sincere gratitude for...
   我谨代表我全家对……表示真诚的感激之情。

3.2 常见结尾用语

1. I hope that I may be able to return your hospitality in the near future.
   我希望能在不久的将来报答您的热情款待。
2. Thanks again for your kind help.
   对你的帮助再次表示感谢。
3. My true gratitude is beyond any words description.
   任何语言都不能表达我的真挚谢意。
4. Please accept my thanks, now and always.
   请永远记住我的谢意。
5. Thank you again for your wonderful hospitality and I am looking forward to seeing you soon.
   再次感谢您的盛情款待,并期待不久再见到您。

练习(Exercises)

I. Translate the following blanks into English to complete the letter.

Dear Mr. Smith,

Thank you so much for ______1______(你寄给我的新年礼物). ______2______(这是我收到的最好的礼物之一). I will treasure it for the rest of my life.

I would like to ______3______(借此机会感谢你给予我的及时帮助和支持) during my stay in our college. Nothing will be able to erase our wonderful memories, ______4______(我会永远铭刻在心).

With many thanks and best wishes for ______5______(新年快乐)to you.

Yours sincerely,

Wang Fang

II. Translate the underlined sentences in Sample 2 and Sample 3.

III. Writing Practice

1. 假如你是李明，你的供货商 Mr. Johns 昨晚邀请你共进晚餐。请你写一封感谢信。信的内容包括：
   (1) 表达对对方邀请的谢意；
   (2) 告知对方你非常珍惜和他的公司建立的长期合作关系，希望来年增加业务往来；
   (3) 盼望你们能够尽快见面。
2. 假如你是张玲，你的妈妈生病住院了。你的好朋友李英给她送来了玫瑰。现在请你给李英写一封信表示感谢。信的内容包括：
   (1) 感谢对方给你妈妈送来玫瑰花；
   (2) 你的妈妈很开心，病情好转，很快就可以出院了；
   (3) 再一次感谢对方送的花及美好的祝愿。

道歉信
(Letters of Apology)

道歉信主要是向收信人表明歉意，请求对方谅解自己的过失。当因大意或过失做错了事,给别人带来麻烦或损失,应立即写信赔礼道歉。写道歉信时要明确不是找借口为自己辩护,而是承认自己的过错并提出弥补过错的具体建议和方法。要用词准确,表达真诚。

1. 道歉信的基本要点 (Main Points Included in a Letter of Apology)

首段:直接说明自己做错的事,表示歉意。

正文段落:说明道歉的具体原因,应尽量详细描述做错事的经过。写信时应该注意在申述理由时要照顾读信人的感受,切忌强词夺理。要表示遗憾和内疚之情。

结尾段:再次表明承认错误的态度,请求收信人的谅解。也可以提出补救的办法。

2. 常见实例 (Samples)

Sample 1:

Dear Susan,

I'm very sorry that I was out when you came to see me yesterday evening. I'm afraid I'd gone to the pub with some friends. *I wish I had known you were in Chongqing as you could have come with us.*

Anyway, I will call on you at 10 o'clock on Friday morning at your hotel. We can have the day together, if you have nothing else planned. I'll show you some of the places of interest that you may not have seen.

Please let me know if you will be available on Friday morning.

Best wishes,

Wang Fang

参考译文:

亲爱的苏珊:

我很抱歉你昨晚来看我的时候我出去了。我和几个朋友去酒吧了。我真希望自己知道你在重庆,这样你就可以和我们一起去了。

我会在周五早上十点去宾馆看你。如果你当天没有其他的计划,我们就可以在一起呆一天。我会带你参观一些你没有去过的有意思的地方。

请告知你周五早上是否有空。

你诚挚的

王方

Sample 2:

Dear Wang Xia,

I am awfully sorry for not returning to you your book ***A Tale of Two Cities*** which I read through with great interest. I had finished reading it and was about to return it to you when one of my classmates came to see me. He was so interested in the book that he wanted to read it. *So I had to retain it longer.* However, I do promise I'll return it to you as soon as he finishes reading. *I hope you will accept my apologies for not returning your book sooner.*

Yours,

Li Na

Sample 3:

Dear Ma Wei,

I'm terribly sorry that I failed to come yesterday. I hope that this did not mess you up completely, although I know that you had already made some special arrangements for our meeting. *I am very sorry about that.* I am sure you'll be sympathetic, however, when I tell you that I have caught a cold, and that I found it impossible for me to keep our appointment. *I hope you will accept my sincere apologies.*

Yours,

Wang Feng

3. 道歉信常用表达和句型 (Useful Expressions and Sentence Patterns)

3.1 常见开头用语

1. I would like to give you my apology for...
   对于……我向你道歉。
2. Please accept my sincere apology for...
   请接受我关于……的真诚道歉。
3. I am indeed very sorry for what I said/did, but believe I had no intention to insult you.
   对于我说的话/做过的事,我确实感到很抱歉。但请相信,我并非要故意侮辱你。
4. It is with sentiments of profound regret that I am writing this letter of apology to you.
   我怀着极为抱歉的心情写这封信请你原谅。
5. I feel badly sorry about it and want you to know what happened.
   我为此感到非常内疚,所以想让你知道实情。

3.2 常见结尾用语

1. Please accept my apologies for my oversight.
   请原谅我的疏忽。
2. Please allow me to say sorry again.
   请允许我再次表示歉意。
3. I sincerely hope you can accept my apologies and understand my situation.
   我真心希望你能理解我的处境，并接受我的道歉。
4. Once again, I'm sorry for any inconvenience caused.
   再一次，我为所有的不便表示歉意。
5. A thousand pardons, and let's meet again when you return.
   千万请原谅，你回来时我们再见面吧。

练习(Exercises)

I. Translate the following blanks into English to complete the letter.

Dear Edward,

________1________(未能及时回信，我很抱歉). ________2________(我一直忙着写) a term paper and have just finished it.

________3________(真希望我能和你一起参加)on the summer camp to Beijing, but ________4________(我恐怕不能去了)since my parents have already booked for me a tour to Singapore.

________5________(不管怎样，谢谢你邀请我，并祝你过得愉快)!

Yours ever,

Tom

II. Translate the underlined sentences in Sample 2 and Sample 3.

III. Writing Practice

1. 假如你是销售部经理 John Cooper。给 Scott Company 发一封道歉信。信的内容包括：
   (1) 收到贵公司 2009 年 3 月 20 日的来信，感谢向我公司定购 100 台计算机。
   (2) 很抱歉，目前我公司没有这么多机器。我公司已向厂家订货，下月即将到货，届时我们将及时通知贵方。
   (3) 希望保持联系。

2. 假设你向一位朋友借了一套 VCD 音乐光盘，不幸你损坏了几张，你写信向这位朋友致歉，内容包括：
   (1) 说明情况。
   (2) 表示一定会设法弥补。
   (3) 希望这件事不要影响你们之间的友谊。

祝贺信及回复
(Letters of Congratulations and Their Replies)

写作中,祝贺信使用的频率很高。凡是遇到重大的喜庆节日,如圣诞节、新年、婚礼和生日等等,亲友间要写祝贺信。当亲友晋升、毕业、考试成功或出国留学时也要写祝贺信。祝贺信的关键是要及时,一旦延误,就给人一种时过境迁的感觉。祝贺信用词必须亲切有礼,表达出真诚的喜悦感情。

1. 祝贺信的基本要点 (Main Points Included in Letters of Congratulations)

首段:说明所表示祝贺的事情,表达听到喜讯的心情。

正文段落:对喜讯进行积极评价。说明对方获得成功的原因等。用词亲切、自然。

结尾段:再次表达衷心的祝贺之情。

2. 常见实例 (Samples)

Sample 1:

Dear Jerry,

I offer my warmest congratulations on your promotion to Vice President of the company. I know how talented you are and how hard you've worked to attain this goal. No one could have been more deserving. How exciting it must be for you to realize your ambitions after all these years of hard working. It's been a real encouragement to me to see your efforts rewarded.

Sincere congratulations to you. Your expertise and dedication will bring out the best of everyone on your staff. They're learning from a real professional.

I wish you still further success.

Sincerely yours,

Wang Fang

参考译文:

亲爱的杰瑞:

听说你当选了公司副总裁我表示热烈的祝贺。我知道你很有天赋,而且为了实现这个目标你付出了很大的努力。没人比你更应该得到这个职位。这么多年的努力终于得到了回报你该多么高兴啊。你的成功对我来说是个莫大的鼓励。

真诚地祝贺你。你的专业和奉献将使公司所有员工都能发挥自己的最佳水平。他们是在学习一位真正的专业人士。

预祝你取得更大的成功。

你的朋友,

王芳

Sample 2:

Dear Mary,

Your wedding card brings to me the happy news of your marriage. I congratulate you and trust that your marriage will be a source of blessing and happiness to you both.

Please accept this little present with my congratulations upon your happy wedding.

Yours Sincerely,

Newby

Sample 3:

Dear Li Ping,

We are very happy to learn that you have successfully passed the college entrance examination this year and have been admitted into Hunan University with honor. *Allow us to offer our most sincere congratulations on this happy occasion.*

Wish you greater achievement in your college education.

Yours Sincerely,

Wang Liang

3. 祝贺信的回复（Replies of Letters of Congratulations）

收到贺信后，按照礼节应该回复表示感谢。回信不必太长，但需表明谢意。

Sample 4:

Dear Wang Jun,

Thank you very much for your note of congratulations on my promotion to Manager of the Sales Department.

It was good of you to take the time and trouble to write, and I sincerely appreciate your kindness.

Yours respectfully,

Peter James

参考译文：

亲爱的王俊：

感谢您写信祝贺我晋升为销售部经理。

难为您抽空写此贺信，我衷心地感谢您的好意。

您恭敬的，

彼得·詹姆士

Sample 5:

Dear Wang Fang,

Many thanks for your letter of congratulations on my receiving a doctorate in linguistics. *It was kind of you to take the time and trouble to write and I sincerely appreciate your kindness and help.*

Sincerely yours,

Li Li

参考译文：

亲爱的王芳：

非常感谢您来信祝贺我获得语言学博士学位。

承蒙您费时费力写信，非常感谢您的好意和帮助。

您诚挚的，

李莉

4. 祝贺信及其回复的常见表达和句型（Useful Expressions and Sentence Patterns）

4.1 祝贺信常见开头用语

1. On the occasion of... please accept our heartiest congratulations!
   值此……之际，请接受我们最真诚的祝贺。
2. Congratulations, all of us feel proud of your remarkable achievements!
   祝贺您，我们都为您所取得的巨大成就感到骄傲。
3. I am so pleased and happy to hear that...
   听到……我真的非常高兴。
4. I write to congratulate you upon...
   我写信来祝贺你……
5. I offer you my warmest congratulations on your...
   对于你的……我表示热烈的祝贺。

4.2 祝贺信常见结尾用语

1. We are just as proud as can be of you and send our congratulations again.
   我们为你感到由衷的骄傲！再次祝贺你！
2. I wish you still further success!
   预祝你取得更大的成功。
3. Please accept our most sincere congratulations and very best wishes again for all the good future in the world.
   再次向你表示祝贺和最良好的祝福。
4. May you go from strength to strength for the coming years.
   祝您今后不断进步。

5. Congratulations again.
   再一次祝贺您！

4.3 祝贺信回复的常见用语

1. Thank you very much for your congratulations on...
   感谢您对……的祝贺。
2. Many thanks for your letter of congratulations on...
   非常感谢您来信祝贺……
3. Your letter of congratulations is highly appreciated.
   非常感谢您来信道贺。
4. It was good of you to take time out of your busy schedule to write...
   承蒙您百忙之中抽空写信……，不胜感谢！
5. It was kind of you to take the time and trouble to write...
   承蒙您费时费力写信……，不胜感谢！

练习(Exercises)

I. Translate the following blanks into English to complete the letter.

Dear Mr. Peter James,

Please ________1________（请允许我向您表示祝贺）on your promotion to head the Marketing Department of TTO.

My fellow managers and I ________2________（非常高兴听到这个消息）and we join in sending you ________3________（我们表心的祝愿）.

Through the five years of working together with you, many of us are well aware of how much you've contributed to the association between our two corporations. We are all looking forward to your trip to China next month when we will ________4________（庆祝您的升职）in a more formal way.

________5________（再一次祝贺您）, Mr. James—good luck and good wishes on your new position as Director of Marketing Department.

Cordially yours,

Lin Daming

Marketing Director

II. Translate the underlined sentences in Sample 2 and Sample 3.

III. Writing Practice

1. 以张玲的名字给李涛写一封祝贺信，信的内容包括：
   (1) 喜闻李涛荣升为浦江大学校长；
   (2) 李涛为国际教育服务奋斗了二十多年，无愧于这个荣誉；
   (3) 表示衷心祝贺

   以李涛的名义给张玲回复祝贺信，向张玲表示感谢。

2. 假设你叫刘红，从老师那里得知自己的老同学李明被一家进出口公司提升为销售部经理。请给他写一封祝贺信。信的内容包括：
   (1) 向李明表示祝贺，祝贺他所取得的进步并要向他学习；
   (2) 和同学一起给李明举行一个庆祝聚会，邀请李明参加；
   (3) 期待着和李明欢聚。

慰问信
(Letters of Consolation)

慰问信是写给遭受不幸或蒙受损失的人们的书信，主要用于表达写信人的同情、问候、友情和鼓励，以达到帮助收信人振作、乐观起来的目的。慰问信要情感真挚、严肃庄严、措辞贴切、行文简洁。

1. 慰问信的基本要点 (Main Points Included in Letters of Consolation)

首段：提及对方遭受的不幸或损失，然后表示同情。

正文段落：开导对方，提出一些实际的解决问题的方法。

结尾段：表示自己愿意提供力所能及的帮助，附上自己的关心。

2. 常见实例 (Samples)

Sample 1:

Dear Alice,

We are all so sorry to hear that you are in hospital and you will have to undergo an operation.

We know you have been feeling ill for quite a long time but persevere with (坚持) hard work for the development of the company. *Everybody hopes that your stay in hospital will put things right and looks forward to seeing you in the office early.*

With all good wishes for a very speedy return to health.

Yours truly

John

参考译文：

亲爱的爱丽丝：

听说你生病住院并要接受手术，我们很难过。

我们知道最近你身体一直不好，但是你仍然坚持工作。我们都希望你在医院一切顺利并盼望你能早日回来。

真心祝愿你早日康复！

你诚挚的，

约翰

Sample 2:

Red Cross Society of Xinjiang

Ladies and Gentlemen,

We were shocked to learn that the strong earthquake around the area in Yili, Xinjiang unfortunately caused heavy casualties and material losses to the inhabitants.

Our company express deep sympathy and solicitude for the afflicted people and donate the sum of RMB1,000,000 Yuan as an expression of our concern for them. Your society is requested to transmit this sum to the people in the affected areas and convey the profound solicitude of the Far East Company (China) and the staff to them.

Please be assured that our hearts will be with you.

Yours sincerely,

Li Ming

The Far East Company (China)

Sample 3:

Dear Li Lan,

What a surprise to me when the news came that you failed in the entrance examination of Peking University.

You have always worked hard in school. *In the final examination, you have distinguished yourself with honor.* Your failure is not your own fault, I am sure.

Those who have real knowledge may fail in the examination if chance is against them. *I hope you won't take this to heart and will get ready to try again.*

Yours sincerely,

Johnson

3. 慰问信常用表达和句型 (Useful Expressions and Sentence Patterns)

3.1 常见开头用语

1. I would like to offer my sympathy to you and your family on...
   我向你和你的家人对……表示同情。
2. How grieved I am to hear of your...
   听说你……,我很难过。
3. I cannot tell you how sorry I felt when I was informed of...
   得知你……,我无法表达出我是多么伤心。
4. I'm writing to express my deepest consolation.
   我写信表达我最深切的慰问。
5. Being much concerned about your ailment, I hasten to offer my hearty sympathy.
   对你的不适,我很是担忧,特写信表示慰问。

3.2 常见结尾用语

1. We wish you a speedy recovery.

祝您早日康复。

2. Please be assured that my heart will be with you.
   请相信我的心永远和你在一起。
3. We are sure it won't be long before you are back on your feet again.
   我们深信你不久就会康复归来。
4. Please accept my sympathy and best wishes.
   请接受我的慰问和最美好的祝愿。
5. All of us are hoping for your quick return to health.
   我们都盼望你早日康复。

练习(Exercises)

I. Translate the following blanks into English to complete the letter.

Dear Jason,

________1________(我今早听到你出车祸的消息). ________2________(我很震惊地获知)that you were knocked down by a car yesterday. How are you feeling today?

The only good thing about it is that your mother told me that you are progressing nicely; I hope that you are doing well after the operation, and that you'll be out of the hospital in about a week. ________3________(这周日我将去看望你) and trust that your condition will remarkably improve by then.

A little package from Rose and me will reach you in a day or two. ________4________(希望你能喜欢这个小礼物).

________5________(祝你早日康复).

Yours sincerely,

Jack

II. Translate the underlined sentences in Sample 2 and Sample 3.

III. Writing Practice

1. 王芳和周玉在同一个部门工作，6月6日听说周玉病了。请你以王芳的名义给周玉写一封慰问信。内容包括：
   (1) 听到周玉病了的消息很难过；
   (2) 希望周玉能自己照顾好自己，尽快痊愈，并愿意给周玉提供帮助；
   (3) 表达自己的祝愿。
2. 你的朋友 Tom 失业了。请给他写一封慰问信。内容包括：
   (1) 听说 Tom 失业很难过；
   (2) 劝慰 Tom 不要灰心，分析失业是由于经济萧条引起的；
   (3) 鼓励 Tom 振作起来，并约他见面。

邀请信及回复
(Letters of Invitation and Their Replies)

邀请信是写信人对收信人的一种盛情邀约，一般分为正式的和非正式的两种。正式的邀请信即请柬常用于大型或正式的社交活动，如：重要会议、正式晚宴、婚礼等。非正式邀请信用于朋友之间，如：请朋友吃饭、看电影等。邀请信应该于事前一两周发出，详细说明邀请的目的、时间和地点，语言应简短、热情。

1. 邀请信（请柬）的基本要点（Main Points Included in Letters of Invitations）

首段：说明写作意图，向对方发出邀请。

正文段落：说明邀请的具体原因，交代具体细节，包括受邀请的人、邀请朋友要干什么、地点以及具体的时间等内容。

结尾段：表示期待朋友的回复。

2. 请柬的格式：（Layout of Letters of Invitation）

首先是主人的名称（要用全名）或头衔；

第二部分是 "request(s) the pleasure（或 honor）of"，相当于汉语的"恭请"；

第三部分是客人的姓名（要用全称）（加's）或用 Your（泛指）；

第四部分是"company（或 presence）at..."，相当于汉语中的"光临……"；

第五是日期；

第六是钟点；

第七是地点。

如果要求复信，请柬下方要用 R.S.V.P.或 rsvp（原为法语，意为"敬请回复"）。

3. 常见实例（Samples）

Sample 1:

Dear Jane,

I am going to have a dinner party at my house on July 14, 2006 (Friday) to celebrate my mother's 60 year old birthday. *It is an important occasion for our family, and as you are a close friend of us, my parents and I do hope you can come and share our joy.*

The party will start at seven o'clock in the evening. There will be a small musical soiree, at which a band will perform some popular and classical songs at first. At around eight o'clock, we will start our dinner, during which we can talk and laugh together. And then all the friends will take some photos together.

I know you have been busy these days, but I do hope you can make it, *my family and*

I look forward to the pleasure of your company.

Yours affectionately,

Gao Hui

参考译文：

亲爱的简：

我打算于2006年7月14日(星期五)在我家举行一个晚宴,庆祝我母亲60大寿。这对我们全家来说是一件大事,作为我们全家的好朋友,我们真诚地希望你能来参加,分享我们的快乐。

晚宴将于7点开始。首先会有一个小型的演奏会,届时我们将欣赏到乐队演奏的流行和古典歌曲。8点左右我们开始用餐,朋友们可以随便聊天欢笑。最后所有的朋友们一起照相作为纪念。

我知道你最近很忙,但我真的希望你能来,我们全家都在期待着你的光临。

你的老朋友,

高慧

Sample 2:

Dear Wang Ling,

You are invited to attend our graduation party at the student club on Sunday, June 27. The party will start immediately after our graduation ceremony, at about 4:00. *Your parents and friends are welcome, too.*

I do hope you can be there.

Sincerely,

Li Na

Sample 3:

Mr. Sun Zhiwei

Requests the pleasure of

Mr. and Mrs. Zhang Hua's

company at dinner

on Friday, the 18th of January

at 7:00 o'clock p.m.

at Suite 402, No. 120 Jianguo Road

4. 邀请信的回复（Replies to Invitations）

受邀请人在收到邀请之后要尽快答复，答复方式也分正式和非正式两种。如果是严肃场合，应用回柬，其格式与请柬类似。对一般的邀请信，可以写一封短信表示接受邀请或者不能接受邀请。

邀请信回复的内容一般包括：

- 无论是否接受邀请，都应表明谢意；
- 如接受邀请，应确认应邀时间、地点等详细信息；
- 如谢绝邀请，文字应委婉，应表示歉意，并说明原因，有时可提出下次再邀的请求。

Sample 4:

Dear Brown,

I can't tell you how sorry I am for not being able to accept your invitation to the party next Friday. I am going to away on Monday and won't be back until next Saturday. *Thank you all the same.*

Yours,

Smith

参考译文：

亲爱的布朗：

非常遗憾我不得不谢绝你邀请我下星期五参加的聚会。星期一我要出门，要到下周六才能回来。尽管如此还是谢谢你！

你的，

史密斯

Sample 5:

Dear Miss Wang,

It's a great honor to receive your invitation. We will be glad to meet you at 6:00 p.m. this Friday, August 10 at Chinese food restaurant. We could have a lot of information to exchange.

Sincerely yours,

Bill Carter

参考译文：

亲爱的王小姐：

非常荣幸接到您的邀请。我们很高兴在 8 月 10 日周五晚 6 点在中国餐厅和您见面。到时我们会有很多信息要互相交流。

您诚挚的，

比尔·卡特

Sample 6:

Mr. and Mrs. Adrian Beamer
accept with pleasure
Mr. and Mrs. Black Smith's
kind invitation to be present
at the marriage of their daughter
Susan Anna
To
Mr. Robert Christ
on Saturday, the eighth of December
At five o'clock

阿德里安·比姆及其夫人很荣幸地接受布莱克·史密斯夫妇的邀请参加其女儿苏珊·安娜女士和罗伯特·克里斯特先生在 12 月 8 日(周六)五点举行的婚礼。

5. 邀请信及其回复的常用表达和句型 (Useful Expressions and Sentence Patterns)

5.1 邀请信常见开头用语

1. I am writing to invite you to...
   我写信是想邀请你……
2. I think it would be a great idea if you could participate in...
   我想如果你能参加……将是一个非常好的主意。
3. I wonder if you can come...
   我在想你是否能来参加……
4. How would you like to join us in... ?
   你想不想来参加我们的……?
5. Would you please drop me a line to let me know if you can come to... ?
   你可以打电话来告诉我你能否来……?

5.2 邀请信常见结尾用语

1. My family and I would feel much honored if you could come.
   如果你能来我们全家都将感到不胜荣幸。
2. I really hope you can make it.
   我真的希望你能来。
3. We would be looking forward to your coming with great pleasure.
   我们高兴地期待着你的到来。
4. I would like to meet you there and please let me know your decision soon.
   我希望能在那儿见到你,请早点让我知道你的决定。

5. Please confirm your participation at your earliest convenience.
请在您方便的时候尽早跟我们确认您能否参加。

5.3 接受邀请的常见用语

1. We are delighted to accept your invitation.
我们很高兴接受你的邀请。
2. ... has/have much pleasure in accepting your kind invitation.
……非常乐意接受你的盛情邀请。
3. It will afford me the greatest pleasure to dine with you.
能和你用餐是我最大的快乐。
4. Nothing could give us greater pleasure than accepting your kind invitation.
没有什么事比接受你的盛情邀请更令我们愉快的了。
5. ... accept with pleasure/honor the kind invitation of...
接受……的邀请，不胜荣幸。

5.4 不能接受邀请的常见用语

1. I regret that I will not be able to attend it owing to...
很抱歉我无法参加，因为……
2. I just can't tell you how sorry I am because I couldn't attend...
无法参加……，我深感抱歉
3. I wish I could attend... but unfortunately...
我真希望我能够参加……，但不幸的是……
4. I wish I could be there, but I regret to inform you that...
我希望我能去，但我要遗憾地告诉你……
5. ... regret that a previous engagement prevents their acceptance of the kind invitation of ...
由于之前已定的一个约会，不能接受……的邀请；对此深表遗憾。

练习(Exercises)

I. Translate the following blanks into English to complete the letter.

Dear Professor Michael Hutchison,

______1______(我们很高兴地得知) you are attending an international conference in Beijing. ______2______(我们写信是想邀请您) to deliver a lecture on American literature for our postgraduate students on the evening of June 16.

We have long noticed that you have done substantial and creative work in this field. Two of your books have become textbooks for our students for several years. So ______3______(我们所有人都认为如果您能演讲,我们将感到不胜荣幸).

If you can manage to come, ______4______(请提前告知) and we will meet you at the airport. If you can't make it, please also let us know.

______5______(我们期待着您的到来).

Sincerely yours,

Li Ming

II. Translate the underlined sentences in Sample 2 and Sample 3.

III. Writing Practice

1. 请按照下列提示写一封邀请信和回复信。

发信人:张玲

内容:(1) 邀请 Jane 暑假期间到北京来度假;

(2) 陪同她游览长城、故宫、颐和园等;

(3) 请回信告知是否能来。

写信日期:2009 年 6 月 25 日

回信人:Jane

内容:(1) 感谢并接受张玲的邀请;

(2) 决定 7 月初来北京。

回信日期:2009 年 6 月 30 日

2. 给你的好朋友李娜写一封邀请信,邀请她来你家住几天。内容包括:

(1) 听说李娜要来自己的城市旅游,邀请她来家住几天;

(2) 正好你放假,可以陪她游览;

(3) 希望对方能够告知到来的时间。

投诉信及回复
(Letters of Complaint and Their Replies)

投诉信也叫抱怨信。一般是当自己的正常生活受到骚扰、自己的利益受到侵害或当社会规范有失规范时,用来表达不满情绪和提出批评。所有的投诉信都有一个共同点,就是最终是要收信人解决问题,所以需要提出解决方案。

1. 投诉信的基本要点 (Main Points Included in Letters of Complaint)

首段:表明来信所要投诉的问题,尽可能做到客观、礼貌。

正文段落:写明投诉的原因、问题的经过及产生的后果。可以说具体的理由,也可以说问题的具体体现方式。

结尾段:提出解决方案。体现书信的礼貌原则,还要注意做到公平、公正。

2. 常见实例 (Samples)

Sample 1:

Guangzhou Star Hotel
Huafeng Lu 412
Guangzhou, Guangdong
People's Republic of China
September 29, 2008

Dear Sir or Madam,

I have been a regular customer of this hotel since 2003. *I have been pleased with your services for years, but now I feel very disappointed.*

In the past three days the air conditioner in my room hasn't worked very well and the waitress here hasn't cleaned my room every day. I asked her to change the room for me, but she rudely refused me.

I want you to order a maintenance repair or change the room for me. *I trust you will take my complaints seriously. Waiting for your immediate reply.*

Sincerely yours,
Wang Fang

参考译文:

我自从2003年开始就是贵宾馆的常客。多年来我一直很满意你们的服务,但现在我非常失望。

近三天里我房间里的空调坏了，而且服务员也没有每天打扫房间。我要求她给我调换房间，她很不礼貌地回绝了我。

我希望您能修理我房间的空调或给我调换一个房间。我相信您会认真对待我的投诉。等待您立即回复。

您诚挚的，

王芳

Sample 2：

Dear sir,

I'm writing about a washing machine which I bought from your store on March12. Unfortunately, after only one week, I find something wrong with the washing machine that it leaks when working. I have telephoned the service center of your store. The reply I got was that the assistant would contact the manufacturer and they would offer an on-site repair service.

What really makes me extremely annoyed is the fact that no one has ever come to repair it during the week.

In view of the inconvenience it has caused, and the disappointment, *I feel I should return this washing machine and look forward to receiving a full refund.*

Yours faithfully,

Wang Li

Sample 3：

Dear Sir or Madam,

I am writing to inform you that I wish to move into a new room next semester. I would like to have a single room, because I find the present sharing arrangement inconvenient.

I am dissatisfied with my present roommate because of his inconsiderate behaviors. For one thing, his friends are constantly visiting him; for another, he regularly makes calls at night. In addition, he often uses my things without asking for my permission. *Under such circumstances, I find it difficult to concentrate on my studies, and I am falling behind in my assignments.*

I believe you will agree that the only solution is for me to move into a room of my own, where I will be free from these kinds of distractions. *I would be very grateful if you could arrange a single room for me, preferably not in the same building.*

Sincerely yours,

Tom Williams

3. 投诉信的回复

收到投诉信时，无论事实如何，都应及时礼貌地回复对方，表示理解并承诺予以关注或进行调查。如情况属实，应尽快向投诉方赔礼道歉并纠正错误；反之，则要讲清道理，婉言拒绝。但要注意礼貌，即使对方理由不足，也应该用平和的口吻加以解释或说服对方。

Sample 4：

Dear Wang Fang,

Thank you for your letter of 29th September. I am very sorry to hear that you had such an unpleasant experience in our hotel.

I am investigating the points you raised in your letter and I will be checking the behavior of our staff here. This is the first time we have received a complaint of this nature and I am shocked at your experience.

Guangzhou Star Hotel is a five-star hotel, which is famous for the quality of its service. I will be training our staff in how to deal more professionally with our guests and *I would like to take this opportunity to apologize for any inconvenience the poor service may have caused you. I can assure you this will not happen again.*

I am enclosing a voucher for a free 2-night stay at our hotel so that you can experience the very best of what we have to offer. *I look forward to receiving you again at the Guangzhou Star very soon.*

Yours sincerely,
Li Ming
Manager
Star Hotel

参考译文：

尊敬的王芳：

感谢您9月29日的来信。很抱歉从您的来信中得知您在我店的不愉快经历。

我正在调查您信中提到的几个问题，并会调查我店员工的行为。这是我们第一次收到这种性质的投诉信，我对您的经历很是震惊。

广州明星酒店是一所五星级的酒店，以其服务质量而闻名。我会对员工进行培训，使他们能够更专业地处理客户的要求。我也借此机会对我们给您造成的不便而道歉。我保证类似的事情不会再发生。

随信附上一张优惠券。您可以免费在我店入住两天，体验一下我们提供的最好的服务。期望能尽快在广州明星酒店再次和您见面。

您诚挚的，
李明
广州明星酒店经理

Sample 5:

Dear Mr. John Smith,

Thank you for your letter of Dec. 21, in relation to our company's policy on after-sale service. We are currently reviewing your complaints and suggestions, and I assure you that we will make a careful study of them and respond to these issues you raise in your letter shortly.

We appreciate your efforts to bring up the issues with us.

Sincerely,

Ann Black

参考译文:

尊敬的约翰·史密斯先生:

我们已收到您12月21日有关我公司售后服务政策的来信。目前我们正对您的投诉与建议进行核查。我向您保证我们将仔细研究这些问题并很快就您信中提到的问题做出答复。

感谢您给我们指出问题。

您真诚的,

安·布莱克

4. 投诉信常用表达和句型 (Useful Expressions and Sentence Patterns)

4.1 常见开头用语

1. I am writing to make a complaint about...
   我写信是为了投诉……
2. I am most reluctant to complain, but...
   我非常不愿意投诉,但是……
3. I have been pleased with your services for years, but now I feel very disappointed.
   多年来我一直很满意你们的服务,但现在我非常失望。
4. I would like to draw your attention to the problem/fault...
   我想让您知道这个问题/错误……
5. I am writing to inform you that I find... unsatisfactory.
   我写信是为了告诉您我发现……令人非常不满意。

4.2 常见结尾用语

1. It would be highly appreciated if you could...
   如果您能……我将万分感谢。
2. I trust you will take my complaints seriously and...
   我相信您会认真对待我的投诉,并且……

3. I hope you will give due attention to this matter.
   希望对此事您能给予足够的重视。
4. I would like to get this matter settled by the end of this month.
   我希望能在月底解决此事。
5. I could not be more satisfied if you can... /I would appreciate it very much if you could...
   如果您能……我将会非常满意。

4.3 投诉信回复的常见表达

1. We are sorry/regret to learn from your letter of...
   十分抱歉从您……的来信中得知……
2. With reference to your letter of.../ complaining about..., we are sorry that...
   关于您……的来信 / 对……进行投诉的来信，我们很抱歉……
3. We ask you to accept our apologies for the trouble and inconvenience this has caused you.
   对于此事给您带来的麻烦和不便，请您接受我方的道歉。
4. We apologize once more for the unfortunate mistake.
   我方再次为这令人遗憾的错误表示歉意。
5. We appreciate your efforts to bring up the issues with us.
   感谢您给我们指出问题。

练习 (Exercises)

I. Translate the following blanks into English to complete the letter.

Dear Sir,

________1________(我写信是为了告诉您)that the refrigerator we ordered last week has arrived on time. But it is a great pity that we find ________2________(冰箱有问题).

After we used it for several days, we found that the food stored in the refrigerating compartment turned bad quickly. When we finally decided to take the temperature in it, we were surprised to find it was around 15℃, far from the standard temperature range from 0℃ to 9℃。

________3________(这个问题影响了我们的正常生活). Would you please let me know ________4________(您是否可以尽快派一名修理工来)?

________5________(我期望问题能引起您的关注).

Yours faithfully,

Li Ming

II. Translate the underlined sentences in Sample 2 and Sample 3.

III. Writing Practice

1. 假如你是王芳,上月去广州出差时,在一家商店买了一架照相架机,并在广州拍了一些照片。回家后将胶卷冲洗出来,却发现什么也没照上,因此非常恼火。给该店写一封投诉信,内容包括:
   (1) 向对方说明投诉原因;
   (2) 提出寄回相机,坚决要求退款;
   (3) 期望对方早日答复。

以店经理的名义对王芳的投诉信进行回复。

2. 假如你在一家著名的百货公司花了1500元买了一件大衣。洗后发现褪色厉害。给商场写一封投诉信,内容包括:
   (1) 向对方说明情况;
   (2) 要求解决问题,能够全额退款;
   (3) 期望对方早日答复。

建议信

(Letters of Suggestions)

建议信是向收信人对某事提出写信人的建议和忠告。建议信有可能是写给个人,就其遇到的某个问题提出自己的看法和观点;也可能是写给某个组织或机构,就改进其服务提出建议或忠告。建议信要写出写信的原因、建议的内容、提出建议的理由,提出的理由要入情入理,语气一定要礼貌。

1. 建议信的基本要点 (Main Points Included in Letters of Suggestions)

首段:表明写作意图,陈述事由。

正文段落:应该首先肯定对方的优点,然后再写需要改进的地方或针对具体情况提出具体建议或忠告。

结尾段:对提出的建议进行总结,要注意有礼貌,使读者容易接受。

2. 常见实例 (Samples)

Sample 1:

Dear Mary,

I am sorry to hear that you have been ill for days and hope you have got better now. You have studied so hard that you have had no time for exercise. This is harmful for your health. You have been in poor health these years. I feel it would be more beneficial to your health if you could take more exercise in future.

Do not think that time spent in exercise is wasted. Exercise can improve your physical constitution and refresh the mind. After one or two hours of exercise you can study better. Only when you have a strong body can you keep on studying without feeling fatigue. Otherwise your study will be interrupted from time to time by fatigue or sickness.

I am not advising you to devote all your time to exercise. What I want to say is that exercise is as useful and important as your study. I hope you can take at least one hour's exercise every day after you are recovered. *I would be more than happy to see you have a stronger body.*

Sincerely yours,

John

参考译文:

亲爱的玛丽:

听说你近来病了许多天,我感到很不安。但愿你现在好些了。由于你平时学习太累了,缺乏运动的时间,这对你的健康很不利。这些年来你身体一直不好,我想如果你今后多参加体育活动，肯定会对身体有很多好处。

不要把锻炼看成是浪费时间。锻炼可以增强你的身体素质，使你更有精神。运动一两个小时可以提高你的学习效率。只有有了强健的身体才能高效地学习而不觉疲倦，否则疲劳或疾病就会影响学习。

我并不是劝你把时间都用在锻炼上，我只是想说锻炼和学习一样，同样是有益而且是重要的。我希望你复原后能每天至少锻炼一个小时。看到你有个强壮的身体，我会非常高兴的。

你的朋友，

约翰

Sample 2:

Dear Wang Qishan,

I am a senior in Peking University. The 2008 Beijing Olympic Games is coming in two years. After watching the 2004 Athens Olympic Games, I can not help writing to you.

First of all, here is my suggestion for the preparation work of the 2008 Beijing Olympic Games. The construction work of the sports building must be completed in time according to the contract. In Athens, the swimming stadium was not accomplished in time so that the event had to be held in the open air, which has brought negative effect on the performance of athletes. In one word, to protect the international image of China and ensure the Olympic competition, we must finish our preparation work well and in time.

Last but not least, I want to express my wish to be a volunteer. In the first place, it is the duty of every Chinese to do his bit for the 2008 Olympic Games. In the second place, I have a good command of foreign languages. I can speak English, Russian, and Japanese. Therefore I can be a qualified volunteer.

I am looking forward to your reply.

Sincerely Yours,

Li Ming

Sample 3:

Dear Wang Fang,

What a surprise it is that you are going to take this June's CET6 since you are only a freshman! Anyway, your courage and efforts are worth praise. *I'd like to give you some suggestions.*

To get fully prepared for the test, I think, you need to first enlarge your vocabulary, which is the basis of all parts. Second, you need more exercises, especially those of reading comprehension. Then you should practise writing constantly. You can e-mail your compositions to me and I will correct them for you in time.

In a word, every effort is rewarding. *I am looking forward to your success.*

Best wishes.

Yours,

Li Li

3. 建议信常用表达和句型（Useful Expressions and Sentence Patterns）

3.1 表达建议的用语

1. I would like to suggest that...
   我想建议……
2. I am writing to express my views concerning...
   我写信来是要表达我对……的看法。
3. You have asked for my advice with regard to... and I will try to make some suggestions.
   你问我有关……的事情，我会尝试着提出一些建议。
4. If I were you, I would...
   如果我是你，我会……
5. I think it would be more beneficial if you could...
   我想如果你能……可能会更好。

3.2 希望对方接受建议的用语

1. I believe you will take my advice into account.
   我相信你会认真考虑我的建议的。
2. I hope you will find these proposals/suggestions/recommendations practical/useful/helpful.
   我希望这些建议 / 意见 / 看法对你来说实用 / 有用 / 有帮助。
3. I will be more than happy to see improvements in this regard.
   如果这方面有所改善我会非常开心的。
4. I will be ready for discussing this matter into details.
   我时刻准备着就此事进行更详尽的讨论。
5. I would be more than happy if my proposals could be considered and positive changes take place in these regards.
   如果您能够考虑我的这些建议并在以上方面做出改进，我会非常欣慰的。

练习(Exercises)

I. Translate the following blanks into English to complete the letter.

Dear Xiao Yan,

________1________(你马上就要考试了), and I expect you to be very busy preparing for it and a little nervous. ________2________(我相信你会做得很好的). As a good friend of yours and survivor of the exam, ________3________(我想给你一些实用的建议). It is no good to go on studying until the last minute of the examination. What you need in the exam is a clear mind. If you tire yourself out before the examination, you will not be mentally and physically ready for it. So a day or two before the examination just relax－leave your books shut and try some other things: get out into the open air; do some physical exercises; see a film; have fun.

When you take the exam, don't feel nervous. Breathe deeply and picture yourself performing well in all the tests. Then, read the questions through carefully and thoughtfully, and put your answers down to paper.

Last, you should pay attention to the time. Keep an eye on the clock and allot appropriate time to each section.

________4________(希望这些建议能对你有所帮助). ________5________(祝你成功).

Yours affectionately,

Li Ming

II. Translate the underlined sentences in Sample 2 and Sample 3.

III. Writing Practice

1. 你的一位朋友玛丽要来你的家乡四川旅游。给她写一封建议信,内容包括:
   (1) 非常高兴玛丽来自己的家乡旅游;
   (2) 根据自己的经验向她建议旅游方式等;
   (3) 祝愿对方旅游愉快。
2. 你的朋友在选择专业的事情上和父母意见不一致。请给他写一封建议信,来解决这个问题。内容包括:
   (1) 得知这个事情后希望能够给对方提供建议;
   (2) 建议对方向自己的父母说出自己的想法,也向老师说明自己的问题,看看能否对自己提供帮助;
   (3) 希望自己的建议能够给对方提供帮助。

询问信
(Letters of Inquiry)

询问信的主要目的是为了寻求所需的信息、资料和情况等。写这类书信时应注意礼节，所提出的问题需简单、清晰。无论对方能否提供帮助都要事先表示感谢。

1. 询问信的基本要点 (Main Points Included in Letters of Inquiry)

首段：说明写作意图，清楚表明写这封信的目的是要寻求什么样的信息。

正文段落：询问具体问题。表明询问问题的原因，强调咨询信息的重要性。

结尾段：表明急切获取信息的心情，提供联系方式以便收信人与你联络，对收信人所能给予的任何帮助都要表示感谢。

2. 常见实例 (Samples)

Sample 1:

Dear Sir or Madam,

We have seen your advertisement in the *New Asia Journal* and *are particularly interested in your portable typewriters,* but we require a machine suitable for fairly heavy duty.

Please send me your current illustrated catalogue and a price list. I should be grateful for any information you can give me.

Yours faithfully,

Wang Fang

亲爱的先生／女士：

我们在《新亚洲杂志》见到你们的广告。我们对你们的手提打字机尤感兴趣，但我们需要的是一台适用于较大打字量的打字机。

请寄一份最新的附图产品目录和价目表给我们。对于您提供的信息我深表感谢。

您忠实的，

王芳

Sample 2:

Dear Mr. John Higgins,

We are quite interested in the router manufactured by your company. *Would you please send me the detailed information of the price and the post-sale service provided by your company?*

We look forward to hearing from you soon.

Sincerely yours,

Peter Houston

Sample 3:

Dear Sirs,

We have been informed that you are exporting a variety of shoes. Would you please send us details of your products, including sizes, colors and prices, and some samples of different qualities of materials used?

We are one of the largest footwear chains in this city and believe *there is a promising market in our area for moderately priced goods such as yours.*

Please state the terms of payment and discounts you allow on purchase of quantities when you reply.

Yours sincerely

(Signature)

S. Lewis

3. 询问信常用表达和句型 (Useful Expressions and Sentence Patterns)

3.1 常见开头用语

1. I wonder if you could tell me the information about...
   我想请问您是否能告诉我有关……的信息。
2. I am writing for the information about...
   我写信是想知道关于……的信息。
3. I would be forever grateful if you could send me information concerning...
   如果您能将关于……的信息发给我，我将不胜感激。
4. I would like to know whether you can provide me with information regarding...
   我想知道您是否能提供给我关于……的信息。
5. I wish to request materials for...
   我想要关于……的资料。

3.2 常见结尾用语

1. I'd very much appreciate your advice on such matters as how to contact the officers who would be willing to assist...
   如何联络那些愿意帮助……的官员，请您提供建议，我将不胜感激。
2. I look forward to your immediate response.
   我期待着您的及时反馈。
3. Your attention to this letter would be highly appreciated.
   感谢您对此信的关注。
4. I am waiting for your quick reply.
   我在等待您的快速答复。
5. Thank you in advance for your cooperation/assistance.
   提前感谢您的合作 / 帮助。

练习（Exercises）

I. Translate the following blanks into English to complete the letter.

Dear Sir,

________ 1 ________（我听说你们要新开一门选修课）, Applied Psychology, for the next semester, and I am much interested in it. ________ 2 ________（如果您能将下列信息发给我，我将不胜感激）.

First of all, ________ 3 ________（课程什么时候开始，要开多长时间）? I have classes during all the weekdays, so I hope it can fall on evenings or weekends. Second, what is the probable size of the class and where will the lectures be presented? Thirdly, are there requirements for entering into this class?

I love psychology so much that ________ 4 ________（我希望能有机会选修这门课）. ________ 5 ________（期待您的回复）.

Yours sincerely,

Linda Jackson

II. Translate the underlined sentences in Sample 2 and Sample 3.

III. Writing Practice

1. 你四月十号要去纽约参加一个研讨会。请给中国航空公司订票处写一封询问信，内容包括：
   (1) 询问当天飞往纽约的航班资料，包括班期、起飞及到达时间以及单程票和往返票的价格；
   (2) 希望获知打折信息。
2. 假如你是长城实业公司的人事部经理，欲提拔一名新员工。要求给该员工的毕业院校学生办公室写一封信，了解情况。内容包括：
   (1) 说明写信的原因；
   (2) 询问该员工在校的表现，比如性格特点、社交能力、表达能力等；
   (3) 希望对方早日回函并表示感谢。

电子邮件
(E-mail)

1. 电子邮件的基本要点(Main Points Included in an E-mail)

电子邮件(e-mail)是通过互联网发送和接收的信件。主要由收信人地址(to)、发信人地址(from)、抄送(cc)、信件主题(subject)及附件(attachment)等构成。写电子邮件时,必须在"收件人(To)"框中输入收信人的e-mail地址。"主题(Subject)"框的内容应简明地概括信的内容,可以是一个单词,也可以是完整句,但长度一般不超过35个字母。"主题"框的内容切忌含糊不清。

e-mail一般使用非正式的文体,特点是简单明了,便于阅读,太长的内容可以以附件的方式发出。在电子邮件的使用者中还流行使用一些由首字母或读音组成的缩略词。

2. 常见实例(Samples)

Sample 1:

From: Maria12345@sina.com
To: Tom7890@yahoo.com
Subject: Thanks for the book

Dear Tom,

Many thanks for giving us a copy of your book. It's a wonderful achievement and you must be very proud of it.

Best wishes,
Maria

参考译文:

发件人: Maria12345@sina.com
收件人: Tom7890@yahoo.com
主　题: 感谢你的书

亲爱的汤姆,
谢谢你送给我们一本你写的书。这真是一个了不起的成就,你肯定为此而感到骄傲吧。
祝你好运!
玛丽亚

Sample 2:

From: JamesMorgan@jlonline.com
To: DavidbBlack@jlonline.com, StevenKing@jlonline.com, MarySanders@jlonline.com, BobSmith@jlonline.com
Subject: Christmas wishes and thanks

Dear Colleagues,
I'd like to take this opportunity to thank you all for the work you have done this year. I wish you all the compliments of the season and I hope that the coming year just a rewarding, peaceful, and happy year for you all.
James Morgan

参考译文：

发件人：JamesMorgan@jlonline.com
收件人：DavidbBlack@jlonline.com, StevenKing@jlonline.com, MarySanders@jlonline.com, BobSmith@jlonline.com
主　题：圣诞祝福与感谢

亲爱的同事们，
首先请允许我借此机会对你们所有人今年的工作表示衷心的感谢，我祝大家节日快乐，并希望大家在新的一年里事业有成，平安快乐！
詹姆斯·摩根

练习（Exercises）

1. 按下列给出的内容写一封电子邮件。

写信人：王芳
写信时间：2008年3月1日
收信单位：Reservation Office
电子邮件地址：groupsales@sina.com.cn
入住时间：2008年3月12日至16日
预订房间：一个带浴室的单人房间，三个带浴室的双人房间。将于3月15日下午租用会议室一间，进行业务洽谈。请尽早回复。告知是否有空房、房价及是否需要预付押金。

2. 假如你是陈辰，按下列给出的内容给自己的好朋友张璋发一封电子邮件。

发信人电子邮件地址：chenchen@yahoo.com
收信人电子邮件地址：zhangzhang@fudan.edu
邮件内容：我来美国一个多月了。这里的生活充满乐趣，只是我不适应美国人的饮食习惯。我很怀念上海的一切。有空发邮件告诉我学校的近况。

传真
(Faxes)

1. 传真的基本要点 (Main Points Included in a Faxes)

传真是通过传真机发送和接收的信件。主要由题头 (heading)、正文 (body)、结束语 (complementary close)、发件人的身份(sender's identity)和附件(enclosure)几大部分组成。题头包括:收件人(to)、发件人(from)、发传真日期(date)、传真号(fax no.)、传真页数 (no. of page)和主题 (subject)。一般情况下,公司有专门的传真用纸,上面已经印好公司的地址、电话、传真号。日期、对方电话和传真号只要按格式填好即可。

2. 常见实例 (Samples)

Sample 1:

Date: Aug. 4
To: Mr. William Brown, DCC Company
From: Fei Xiaohua
Subject: Trade Conference Confirmation
Number of pages including cover sheet: 2. Please call me if the fax is illegible. Thank you.

I am pleased you will be representing DCC Company at the International Trade Conference to be held Sept. 24—28, 2005 at Nanjing Jinling Hotel.
Attached is the form confirming your attendance. Please fill it out and fax it to me before Sept. 20 so I can proceed with room reservation and other necessary arrangements with the hotel.

参考译文:

日 期: 8月4日
送 交: DCC公司 威廉·布朗先生
发送人: 费小华
内 容: 贸易大会回执
包括封面共2页。如果传真字迹不清,请与我联系,谢谢。

很高兴您能代表DCC公司参加2005年9月24~28日在南京金陵饭店举行的国际贸易大会。
所附表格为会议回执。请填写好表格,并于9月20日前传真给我,我将据此为您预订房间并做其他必要安排。

Sample 2:

Date: Oct. 6, 2005
To: Professor Alexander Brown, University of California, USA
From: Wang Dali
Subject: International Forum Confirmation

Number of pages including cover sheet: 2. Please call me at 025-99334251 if the fax is illegible. Thank you.

I am pleased you will be representing your university at the Forum on Environmental Protection to be held Dec. 11—15, 2005 at Shanghai Jinjiang Hotel.

Attached is the form confirming your attendance. Please fill it out and fax it to me before Dec. 4 so I can proceed with room reservation and other necessary arrangements.

参考译文：

日　期：2005年10月6日
送　交：美国加利福尼亚大学，亚历山大·布朗教授
发送人：王大力
内　容：国际学术讨论会回执

包括封面共2页。如果传真字迹不清，请电联025-99334251，谢谢。

很高兴您能代表加利福尼亚大学参加2005年12月11～15日在上海锦江饭店举行的环境保护学术讨论会。

所附表格为会议回执。请填写好表格，并于12月4日前传真给我，我将据此为您预订房间并做其他必要安排。

练习 (Exercises)

1. 假如你是容飞，南京玩具公司总经理助理。你现在发一份传真给王丽，问她下周三的会议准备工作进展得如何。你的传真号是62300889，地址是南京市金陵路100号。王丽传真号是34009322，地址是宁波市玫瑰路20号。日期是2003年9月1日。

2. 请按下列给出的内容写一份传真。

发送日期：2004年3月3日
发件人：英格兰教育艺术学院 Richard Smith　　传真号：076966696
收件人：上海外国语大学英语系　林丹　　传真号：08122877728
内　容：感谢你2月25日的来信。我理解你的问题，你可以4月或5月来此。请随时告知。

个人简历
(Resumes)

在英语中,简历一般采用 Resume 或 Curriculum Vitae 一词,偶尔也有 Data Sheet 或 Vita 的用法。

简历是就业时不可缺少的材料。它不是对自己的经历以及经验的一一列举,而是列出主要的且密切相关的材料,例如:经验、业绩、能力、性格等等,然后将这些相关信息用简洁有力的文字表达出来。通常一份成功的简历要遵循下列准则:

1. 展现自己的优势和特长;
2. 提供能吸引雇主的信息;
3. 曾经取得过的成绩;
4. 附上具有说服力的证明材料、证明人和推荐信;
5. 格式美观,长度适中;
6. 用词妥贴,语言简洁而不失重点。

个人简历不要太繁琐,一般一张纸就够,着重介绍自己的工作经历以及取得的成就。如果是应届毕业生的简历,就会相对简单一些,由于没有什么工作经历,因此强调一下自己的已学课程就可以了。不同的简历侧重点不同,要区别对待。

Unit 1

简历的基本要点
(Main Points Included in Resumes)

个人简历一般包括以下要点：

姓名 name
求职目标 objective
地址 address
联系方式 phone number, e-mail
个人资料 personal information
学历 education background
工作经历 work experience
外语技能 language skills
获奖情况 honors

简历的一般格式
(Layout of Resumes)

英语简历并无固定不变的单一形式，应聘者完全可以根据个人的具体情况来确定采用何种形式,灵活设计。一般来说,根据个人经历的不同侧重点,可以选用以下三种形式：

(1) 以学历为主的简历 (Basic Resume)

这种形式适应于应届毕业生或中学毕业后仍在待业的求职人员,因为没有工作经历,所以把重点放在学业上,从最高学历往下写。

(2) 以经历为主的简历 (Chronological Resume)

以这种形式出现的英语简历,往往侧重于工作经历,把同应聘职位有关的经历和业绩按时间顺序书写出来,把工作经历放在学历之前。经历和学历的时间顺序均是由近至远。毫无疑问,这种形式的英语简历适合于有工作经验的求职人员。

(3) 以职能为主的简历 (Functional Resume)

这种形式的英语简历,也是突出工作经历,因而所含元素和以经历为主的简历相同,以经历为主的简历和以职能为主的简历的根本差别在于：以经历为主的简历是按时间顺序来排列工作经历,而以职能为主的简历则按工作职能或性质来概括工作经历,并无时间上的连贯性,旨在强调某些特定的工作能力和适应程度,比方说,你曾经在两个不同的工作单位担任相同的职务或负责相同的业务,便可归纳在一个项目之中。

(Resume Template)

Your Name 姓名			
Objective 求职意向 Describe your career goal or ideal job. 填写你想申请的职位			
Personal Information 个人概况			
Name 姓名	Gender 性别		Area 地区
Date of Birth 出生年月	Degree 学历		Major 专业
Contact 联系方式			
Tel 住宅电话	Mobile Phone 手机		City 所在城市
Address/Postal code 通讯地址及邮编			E-mail 电子邮箱
Employment History 工作经历			
Dates of employment 在职时间	Job title 职位	Company Name 公司名称	City 所在城市
Education Background 教育背景			
Date of graduation 时间	Degree 学位	School Name 学校名称	City 城市
Language 语言能力			
Language 语言种类		Grade 语言水平	
References 推荐信			
References are available on request. 推荐信备索。			

常见实例
(Samples)

Sample 1: 以学历为主的简历（Basic Resume）

Room 1209, Building 13
2 Tiantan Road , Beijing 100000
Tel: 66666666
Email: yangfan@yahoo.com
Yang Fan

Objective

To obtain a position as an assistant of English teaching.

Education

2004.9—2008.7 Dept. of English Education, Beijing Normal University, B.A.

Academic Main Courses

English reading, speaking, listening, writing, translation, theory of education, etc.

Computer Abilities

Skilled in use of Win XP, Office 2003& 2007

English Skills

Excellent in both spoken and written English .
Pass TEM-8 & BEC（Vantage）

Scholarships and Awards

2005—2008 First-class Scholarship of the school every year

Qualifications

Certificate of Teachers' Qualification for Higher Education

Part-time job

2006.9—2008.6 Teach English at No. 5 primary school every Friday

References available upon request.

参考译文：

北京天坛路2号13号楼1209房间
北京 100000
电话 66666666
E-mail：yangfan@yahoo.com
阳 帆

求职目标:英语助教
教育背景
2004.9—2008.7 北京师范大学英语教育系 文学学士
主要课程:
英语阅读、口语、听力、写作、翻译,教育学原理等
计算机技能:
熟练应用 Win XP, Office 2003 & 2007
英语能力:
口语、书面表达俱佳,通过专业八级和 BEC 中级考试
所获奖励:
2005—2008 每年都获学校一等奖学金
任职资格:
高校教师资格证
兼职工作
2006.9—2008.6 第五小学兼职英语教师(每周五上课)
推荐信备索。

Notice:这是一份毕业生求职简历,它着重突出了自己已学课程(academic courses)和个人的技能(skills)。值得指出的是,对在校生来说,平时的实习工作经历能为你的简历增分不少。

Sample 2:以经历为主的简历(Chronological Resume)

Resume

Name: Dong Lulu
Room 601, 4 Pingyuan Road, Pingyuan District
Tel: 13901000000
Sex: Female
Date of birth: May 11, 1980
Place of birth: Henan
Marital Status: Married

Objective

Management position in training school

Work Experience

2007—2008 Head of the Teaching Administration Department of ABC Employment & Training Centre
2006—2007 Teacher of English at the ABC Employment & Training Centre
2004—2006 Part-time teacher of English at MM English School

Education

M.A. (Education) Henan Normal University (2003—2006)

B.A. (English) Henan Normal University (1999—2003)

Availability: Immediate

Reference: Will be provided if desired.

参考译文:

姓名:董璐璐

平原区平原路4号601室

电话:13901000000

性别:女

出生日期:1980年5月11日

出生地点:河南

婚姻状况:已婚

事业目标

担任培训管理职位

工作经验

2007—2008 ABC就业培训中心教学管理部负责

2006—2007 ABC就业培训中心 英语教师

2004—2006 MM英语学校兼职英语教师

教育背景

2003—2006 河南师范大学 教育学硕士

1999—2003 河南师范大学 文学学士(英语)

上任日期: 即时

推荐人: 如需要当即提供。

Sample 3: 以职能为主的简历 (Functional Resume)

Resume

Name: Sun Miao Birthday: April 15, 1983

Sex: Female Birth place: Beijing

Profession: International trade Degree: College

Telephone: 12345678

Work Experience:

July, 2004—April, 2007 Beijing Joy E-bike Manufacture Co., Ltd
Position: Sales representative and translator

April, 2007—March, 2009 Qingdao Yongjiu Power Co., Ltd
Position: International sales representative

Daily Job Responsibility:

Two-years' international trade and relevant business working experience(contact foreign importers, lead them to visit factory and subscribe the contract, follow up the order's production till payment collected safely, also be in charge of some after-sale service)

Education Background:

September, 2001—July, 2004 Beijing Foreign Trade College

Authorized Certificates:

CET-6, Declaration Certificate of Customs, Computer Test Band 2 (have good command of Office softwares, such as Word, Excel and Photoshop)

Honors:

"Excellent Student and Achievement" awarded by college as well as scholarships in 2003 and 2004 respectively.

As a sales representative, I had successfully negotiated with African clients to get stable orders for company monthly and developed African market of motorcycles accordingly.

Hobby: Reading, doing exercise, listening to music and so on

Self-comment:

I'm an active, diligent, honest and responsible employee. With the sense of creation, I've found the effective work method of making my-self breakthrough and I enjoy the happiness brought through hard working. My work attitude is that "when you finished a common affair, you will be not common and when you finished a simple affair, you will be not simple!"

参考译文:

个人简历

姓名:孙 苗　　出生日期:1983 年 4 月 15 日

性别:女　　出生地点:北京

专业:外贸　　学历:大专

联系电话:12345678

工作经历：

2004年7月—2007年4月　北京快乐电动车制造有限公司　销售代表及翻译
2007年4月—2009年3月　青岛永久动力有限公司　外贸业务员

日常工作事宜：

两年的外贸及相关工作经验（与国外进口商联系洽谈业务，引导客户参观工厂并签定合同，跟踪定单生产执行情况直至安全结汇，以及部分售后服务工作）

教育背景：

2001年9月—2004年7月　北京外贸学院

已获证书： 国家英语六级，国家报关员资格证书，计算机二级（熟练操作 Word, Excel, Photosohp 等办公软件）

荣誉：

曾获学校颁发的"优秀学生"奖，2003年及2004年分别获得奖学金。
帮助公司开拓非洲摩托车市场并寻得稳定的月定单。

爱好： 看书、运动、音乐等。

自我评价：

本人是一位积极、勤奋、诚实、责任心强的职业女性。富有创新理念，让我在工作中找到了突破自我的工作方式，因此能享受充实工作所带来的快乐。做好每一件平凡的事就是不平凡，做好每一件简单的事就是不简单——这就是我对待工作的态度。

常用表达和句型
(Useful Expressions and Sentence Patterns)

1. Date of availability
   可到职日期
2. Nnumber of identification card
   身份证号码
3. Technical qualifications and special skills
   技术资格和特别技能
4. Recipient of a first-class scholarship
   一等奖学金获得者
5. References available upon request.
   推荐信备索。
6. Fluent in French, both written and spoken.
   法语书面和口语表达流利。
7. Scored 530 in CET4 in 2006
   2006 年大学英语四级考试 530 分

练习 (Exercises)

I. Translate the following resume into Chinese.

Resume

Zhao Yun
Apt.8888
8888 Taojin Road
Guangzhou 510095
Tel: 8888888888888

Personal Information:

Born: April 23,1970   Height: 178 cm   Weight: 60kg
Birth Place: Yunnan   Marital Status: Single

Job Objective:

To apply experience and education to position in personnel administration in a

Sino-American joint venture.

Experience Pertinent to Objective:

From August 1992 to Present—Personnel Manager, Wanbao Electric Appliance Group Company. Responsibilities include conducting salary surveys, establishing salary ranges and progression rates for each level, making job evaluation plans, questionnaires, application forms, etc., recruiting new employees, formulating and revising training programs, initiating and implementing programs to improve and utilize potential of staff members.

Education:

From September 1990 to July 1992, majored in Personnel Administration at Guangdong Economic Management Cadre Institute.

Special Skills:

Fluent English (reading/writing/speaking)

Experienced in operation of IBM-PC (0520) microcomputer.

References available upon request.

II. Translate the following resume into English.

个 人 简 历

工作目标:中外合资企业财务管理的经理职位

姓名：杨光

年龄：31

婚姻状况：未婚

性别：男

出生地：上海

健康状况：极好

地址：上海市解放路23号803室216000

电话：64656397

身份证：440101607310231

工作经历

2001年至今 上海市财政局。职责包括：拨款审计、工程预算、方差分析、信用认可、银行结余管理与短期款项管理。

教育程度

中央财政金融学院财政学士

课程包括：

管理学	商业经济	财务管理	统计学
金融管理	会计原理	审计学	银行法
财务会计	会计电算	财务法则	国外会计

英语水平

大学英语四级

推荐信备索。

III. Writing Practice

1. 根据以下中文信息写一份英文简历。

姓名：约翰·史密斯　　国籍：美国

目前所在地址：美国加利福尼亚州洛杉矶市高街 506 号

电话：101-818-4575911　　传真：101-818-4575912

出生日期：1964 年 4 月 9 日　　出生地点：纽约

已婚，生有一女。1970—1978 年，在纽约 Walshall Elementary School 学习，1978—1982 年在洛杉矶 Lincoln High School 学习，1982—1986 年在 University of California 的 Law School 学习。上大学期间始终学习法语，具有很好的阅读能力，且擅长笔译，并能流利地交谈。1986—1988 年在加利福尼亚大学任助教，1988 年至今在该大学任讲师。希望寻求一份律师工作，原因是本人一直渴望做律师，因为这项工作不仅有趣，而且有助于提高工作能力，薪金也很诱人。

2. Directions: You are applying for admission to law program and in need of a resume, please write it to describe:

1) your education background, qualifications and honors;

2) personal information;

3) experience.

表格
(Forms)

登记表
(Registration Forms)

登记表通常以"XX单位或活动登记表"为标题,正文一般包括姓名、性别、国籍、出生日期、详细联系方式、签名等个人基本信息,一般都是固定的表格形式,只要按照要求准确填写相应信息即可。

Sample: (Registration Form for Symposium 研讨会登记表)

Symposium on International Tourism

(8—12 October, 2006 Beijing)

Family name: Zhang　　**Given name**: Xiaofan　　**Nationality**: Chinese

Age: 36　　**Sex**: male　　**Passport Number**: 123456

Work Address No. 18 Haidian Road, Beijing

Telephone: 66666666　　**Fax**: 66666666

E-mail: zhangxiaofan@126.com

Registration Fee　Members　¥200.00 ________

　　Non-members　¥300.00 ________

Signature: ________

国际旅游产业研讨会

(2006年10月8日至12日 北京)

姓:张　　名:晓帆　　国籍:中国

年龄:36　　性别:男　　护照号:123456

工作地址:北京海淀路18号

电话:66666666　　传真:66666666

电子邮件:zhangxiaofan@126.com

注册费用:会员 200元

　　非会员 300元

本人签名:________

申请表
(Application Forms)

申请表通常以"XX单位或活动申请表"为标题,正文一般包括申请人姓名、性别、国籍、护照号、出生日期、详细联系方式、申请日期、申请理由、签名等个人基本信息,每个接受申请的单位都有固定的申请表格,只要按照要求准确填写相应信息即可。

Sample:

xxxx University Study Abroad
Application Form

- **Complete all sections in BLOCK LETTERS**

Personal details

Family name (as shown in passport):
Given name (as shown in passport):
Gender:
Marital status:
Date of birth: (day/ month/year)
Country of birth:
Country of citizenship:
Passport number(as shown in passport):

Address for correspondence

Number and street:
Suburb or town/state or province:
Postcode:
Tel: Fax:
E-mail:

Duration of study program:

Subject preference:

List your preferred subjects of study. Subject codes and titles must be written in full.

Visa status

Visa type (i.e. student, visitor, tourist, etc.):

Visa number:

Expiry date (day/month/year):

Scholarship applicants

Are you applying for a scholarship to undertake this study program?

If yes, please indicate

Name of scholarship:

Providing institution, organization or government:

Current studies in your home country

Please provide the following details:

Institution:

Country:

Degree program:

Major field of study:

English language proficiency:

If English is not your first language you will be required to produce evidence of your English language proficiency.

Employment history (postgraduate applicants only)

××××大学留学生入学申请表

- 请用正体大写字母填写下表

个人详细资料

姓(和护照所示一致):

名(和护照所示一致):

性别:

婚姻状况:

出生日期(日/月/年):

出生国:

国籍:

护照号码(和护照所示一致):

通信地址

街道及门牌号:

城市(或郊区)/州(或省):

邮编:

电话号码:　　　　　　　　传真号码:

电子信箱:

学习期限：

所选科目

请列出所选科目。科目代码和名称必须填写完整。

签证状况

签证类型(例如:学生、访问者、旅游者等):

奖学金申请

为完成学业,您是否要申请奖学金?

如果申请,请写明

奖学金名称:

提供机构、组织或政府:

目前在本国的学习情况

请提供下列详细情况:

学习机构:

所在国家:

所获学位:

所学专业:

英语熟练程度：

若英语不是您的第一语言,请务必提供有关您英语熟练程度的证明。

工作经历(申请硕士学位者需填写此项)

日程表
(Schedules)

日程表用于安排活动的日程。英文的日程表格式和汉语中的相似,通常以主要内容为标题,正文为活动名称和内容、日程,有时还包括注意事项等。日程表的语言一般使用祈使句或省略句,名词词组使用较多。

日程表和其他表格一样比较注重排列格式,在制作表格时要注意表述清楚,排列整齐。

Sample: (有关 WTO 国际会议的议程表)

International Conference on WTO

Beijing May 13—14
Wednesday
8:00 a.m.—12:00 a.m. Registration
12:00 a.m.—1:30 p.m. Lunch and rest
1:30 p.m.—2:00 p.m. Plenary Session: Opening Speech
2:00 p.m.—5:00 p.m. Presentation of academic papers
6:00 p.m. Dinner
Thursday
9:00 a.m.—12:00 a.m. Workshop
2:00 p.m. —4:00 p.m. Visiting Beijing Economic & Technical Development District
5:30 p.m. —6:00 p.m. Closing Speech
6:00 p.m. Buffet supper

世界贸易组织国际会议议程

地点:北京
时间:5 月 13 日 (星期三) 至 5 月 14 日(星期四)
具体安排:
星期三　上午 8: 00—12: 00 报到, 之后午餐、休息
　　　　下午 1: 30— 2: 00 全体会议,致开幕辞
　　　　　　 2: 00— 5: 00 宣读论文
　　　　晚上 6: 00 晚宴
星期四　上午 9: 00—12: 00 专题讨论会
　　　　下午 2: 00— 4: 00 参观北京经济技术开发区
　　　　晚上 5: 30— 6: 00 闭幕辞
　　　　晚上 6:00 自助晚餐

订单
(Subscription Forms)

订单通常以“XX 产品订单”为标题，正文一般包括订购人姓名或单位名称、详细地址、联系电话、订购产品型号、数量、金额、联系人签名等详细信息，通常一式两份，方便正式发货、交货时双方核对有关信息 。

Sample：(有关订阅杂志的订单)

《商业周刊》杂志订单（第一联）Subscription Form of BusinessWeek(No.1)

订阅单位 Organization		订阅联系人 Name of Subscriber	
详细地址 Delivery Address			
邮政编码 Postcode		联系电话 Telephone	
订阅年期号/份数 Subscription detail	年 Year　期 Issue No. 份　a copy/____copies	合计金额 Total	RMB¥ USD $
合计金额（大写） Total（In Capital）			
银行/邮局汇号 Bank/Post Remittance Account		汇款日期 Date of Remittance	

《商业周刊》杂志订单（第二联）Subscription Form of BusinessWeek（No.2）

订阅单位 Organization		订阅联系人 Name of Subscriber	
详细地址 Delivery Address		联系电话 Telephone	
订阅年期号/份数 Subscription detail		合计金额 Total	RMB ¥ USD $
合计金额（大写） Total（In Capital）			
备注 Please note	款到后即开正式发票 Issue Original Commercial Invoice Against the Arrival of Remittance		

【提示】表格常用语（Useful Expressions and Sentence Patterns）

1. Personal details
   个人详细资料
2. Country of citizenship/ nationality
   国籍
3. English language proficiency
   英语熟练程度
4. Mailing address
   通信地址
5. Current studies in your home country
   目前在本国的学习情况
6. Passport number(as shown in passport)
   护照号码(和护照所示一致)

练习(Exercises)

I. Translate the following form into Chinese.

SUBSCRIPTION FORM

(Write in Block Letters Please)

Please enter my subscription to "The Times" **for** one year **beginning with** the January issue of 2007.

Name: Niles Palmer

Address: 421 Swan Boulevard, Detroit, Michigan, the United States of America

Enclosed: Please find a postal money order in the amount of 7.60 dollars.

II. Translate the following schedule into English.

王教授的日程安排

2006年5月12日

8:30	司机到西苑饭店迎接
9:00	教学楼206开会
11:00	参观校园
12:00	午餐
13:00	游览颐和园
18:00	返回西苑饭店用晚餐

2006年5月13日

9:00	在西苑饭店结账
10:00	去首都机场(3号航站楼)

III. Writing Practice

1. 假如你要到国外留学，请根据自己个人情况填写下表：

Study Abroad Application Form

- **Complete all sections in BLOCK LETTERS**

Personal details

Family name (as shown in passport):

Given name (as shown in passport):

Gender:

Marital status:

Date of birth: (day/ month/year)

Country of birth:

Country of citizenship:

Passport number(as shown in passport):

Address for correspondence

Number and street:

Suburb or town/state or province:

Postcode:

Tel: Fax:

E-mail:

Duration of study program:

Subject preference:

List your preferred subjects of study. Subject codes and titles must be written in full.

Visa status

Visa type (i.e. student, visitor, tourist, etc.):

Visa number:

Expiry date (day/month/year):

Scholarship applicants

Are you applying for a scholarship to undertake this study program?

If yes, please indicate

Name of scholarship:

Providing institution, organization or government:

Current studies in your home country

Please provide the following details:

Institution:

Country:

Degree program:

Major field of study:

English language proficiency:

If English is not your first language you will be required to produce evidence of your English language proficiency.

Employment history (postgraduate applicants only)

2. 请根据以下内容用英语写一份日程表。

中国国际木材及木制品交易大会

大会日程

2006年8月13日	报到:全天,如家酒店大堂
2006年8月14日	09: 00—09: 30 开幕式,如家酒店二楼报告厅
	09: 30—17: 30 中国木材行业高峰论坛,如家酒店二楼报告厅
2006年8月15日	09: 00—11: 00 洽谈、展览,如家酒店二楼报告厅
	14: 00 参观广州周边木材市场及木制品企业

其他日常应用文写作
(Writings for Daily Use)

Unit 1

通知、海报与启事
(Notices, Posters and Announcements)

1. 通知 (Notices)

通知是上级对下级、组织对成员或平行单位之间部署工作、传达事情或召开会议等所使用的应用文。

1.1 通知的基本要点 (Main Points Included in Notices)

通知的基本要点包括标题、正文(通知的事件、有关人员、时间、地点等)、落款及发布日期。

1.2 书面通知的一般格式 (Layout of Notices)

> **NOTICE**
>
> 正文(通知的事件、有关人员、时间、地点等) ____
> ____.
>
> 落款(发布通知的部门或者主事人)
>
> 发布日期

1.3 常见实例 (Samples)

Sample 1 (布告形式的通知)

> **Notice**
>
> Due to bad weather, the pingpang competition, organized by the College Pingpang Club, will not be held in the "Rose" Field as it was scheduled. Instead, it will be moved to Haidian Gymnasium, which is about ten minutes' walk from the university. All club members, competitors and audience students will meet in front of the West Gate of the university at 9:00 a.m., June 5th, to go there together. The event will last from 9:30 a.m. to

11:30 a. m. Cold drinks and snacks will be provided in the gymnasium.

College Pingpang Club

June 1st

参考译文：

通　知

由于天气状况不佳，学院乒乓球俱乐部举办的乒乓球比赛原定于在玫瑰运动场的计划将取消。活动将转移到距离学校10分钟路程的海淀体育馆举办。所有的俱乐部成员、参赛者、学生观众将于6月5日上午9点在学校的西门集合，一起前往体育馆。活动时间为9:30到11:30。我们将在体育馆中提供冷饮和零食。

学院乒乓球俱乐部

6月1日

【提示】通常此类通知上方正中写Notice或NOTICE，发出通知的单位的具体名称可放在正文前，也可放在正文后右下角处，发出通知的日期写在左下角处。

Sample 2（书信形式的通知）

Notice

April 27, 2007

Dear classmates:

All the students of the English Department are required to attend the celebration ceremary of the May 4th Movement to be held at 2:30 on 4th, May (Wednesday). There will be wonderful programs of entertainment. All the students are requested to be at the conference hall on time.

Students' Union of the English Department

参考译文：

通　知

各位同学：

英语系决定于5月4日(星期三)下午2:30在大礼堂举行"五四"青年运动庆祝会，会后将有出色的文艺演出，请全系学生准时参加。

英语系学生会

2007年4月27日

1.4 常用表达和句型 (Useful Expressions and Sentence Patterns)

1. This is to notify that...
   现将……通知如下。
2. All the students are required to be present on time.
   全体学生都要准时出席。
3. It is hereby announced that...
   特此通知。
4. All the children who are interested are welcome.
   有兴趣的孩子都可以参加。
5. ... take pleasure in announcing that...
   ……非常高兴地通知您……

练习 (Exercises)

I. Translate the following notice into Chinese.

Notice

Those who donated blood last week please come to the campus clinic to get their certificates on Wednesday, June 5th between 8: 30 a.m. and 4: 30 p.m.

Foreign Languages Department

II. Translate the following notice into English.

通　知

英语系将于 5 月 11 日星期五晚上 7 点在 3 号楼 215 教室举办英语角活动，节目内容有唱歌、讲故事、话剧和自由交谈。外籍教师 Frank 届时将出席并予以指导。欢迎所有有兴趣的同学参加。

外语系

2006 年 5 月 8 日

III. Writing Practice

1. 假如你是人事部职员，按下面内容给 Mary Clinton 女士发一份书信形式的通知。
   经公司董事会批准，人事处决定聘请 Mary Clinton 女士担任销售部主管，请她接到通知后即来人事处报到。
2. 请按照以下内容写一则通知：
   今天是 4 月 12 日，学院办公室定于本星期六(4 月 18 日)下午二时在学院会议室开会，讨论国际学术交流问题，要求全体教授和副教授准时出席。

2. 海报 (Posters)

海报是人们日常生活中极为常见的一种招贴形式,多用于电影、戏曲、比赛、文艺演出等活动。海报中通常要写清楚活动的性质、活动的主办单位、时间、地点等内容。海报的语言要求简明扼要,形式要做到新颖美观。

2.1 海报的基本要点 (Main Points Included in Posters)

海报通常由三部分组成,即标题、正文与落款。

2.2 海报的一般格式 (Layout of Posters)

标题 (title) 事件 地点 时间 联系方式

【提示】海报的标题对于海报的宣传极为重要。因此标题的撰写要做到简洁明快,新颖醒目,抓住读者的注意力。海报的标题形式通常有两种:一是直接使用"海报"(Poster)一词;另一种则是根据海报的内容撰写标题。

2.3 常见实例 (Samples)

Sample 1: (影讯海报)

Film News

This Week's Film News

Name: Jane Eyre

Time: 7:30 p. m., Dec. 16, Saturday

Place: The School Auditorium

Fare: 5 Yuan

Please apply at the Film Projection Group for tickets.

Only a few tickets are left. Buy now while they last.

本周影讯

片名:《简·爱》

时间:十二月十六日星期六下午七点半

地点:学校礼堂

票价:5 元

请到放映队购票,余票不多,欲购从速!

【提示】海报正文是海报的核心部分，它是对海报标题的具体描述。语言要求形象生动，简明扼要。做到既有鼓动性，又不夸大其辞。

Sample 2:（有关讲座的海报）

Lecture

Speaker: Prof. Gates of Harvard University

Subject: Career Development & Success

Time: 7:30 p.m., Oct 15, 2006

Place: Room 501, the Teaching Building No.3

Admission Free

参考译文：

讲 座

主讲人：美国哈佛大学盖茨教授

题目：职业发展与成功

时间：2006年10月15日晚7:30

地点：第3教学楼501室

免费入场

2.4 常用表达和句型（Useful Expressions and Sentence Patterns）

1. No admission fee is required for members of the club.
   会员免费入场。
2. Admissions are by tickets.
   一律凭票入场。
3. All students and staff members are cordially welcome.
   欢迎全体师生前往观看。
4. Come and cheer for both teams.
   欢迎大家观看助威。
5. For booking, please stop at the Union Club.
   如需预订请到联合俱乐部。
6. There are still tickets available for the night shows.
   出售夜间演出票。

练习(Exercises)

I. Translate the following poster into Chinese.

GOOD NEWS

Summer Clearance Sales

All the goods on show are sold at twenty percent discount. Please examine and choose them carefully before you pay. There will be no replacement or refunding. You have been warned in advance. You are welcome to make your choice.

Personal Shopping Service

II. Translate the following poster into English.

圣诞节晚会

想过一个非同寻常的平安夜吗?

想得到圣诞老人神奇包裹里面的礼物吗?

一起来分享这个美好时刻吧!

学生会主办

时间:12月24日(周日)晚上7:00到11:00

地点:图书馆多功能厅

III. Writing Practice

1. 根据以下内容写一则英文海报。
   学生会定于9月25日(周五)晚上7点在图书馆多功能厅免费放映电影《绿茶》,欢迎大家到时前往观看。
2. 今天是2008年7月19日,星期四。你校学生会计划于8月2日,星期六晚在教工俱乐部举办迎接北京奥运会的舞会,以表达同学们喜悦的心情。请你就此内容写一则海报。

3. 启事(Announcements)

启事是一种公告性的应用文,是机构或个人张贴在公共场所醒目位置或刊登在报纸杂志上的公开声明。启事的种类繁多,内容广泛,常见的有寻人启事(Child Lost/Man Lost/Woman Lost)、遗失启事(Lost)、通缉令(Wanted)、招领启事(Found)、迁移启事(Removal)、征稿启事(Contributions Wanted)、鸣谢(Acknowledgements)、招标启事(Invitation to Bid)、更正启事(Corrections)等,与通知多属下行公文的特点不同,启事主要用于向公众或相关人士通告消息,属平行公文,启事的对象没有具体的针对性,但启事具有很明确的目的。

3.1 启事的基本要点 (Main Points Included in Announcements)

启事写作的基本要点包括标题、正文和落款三部分。

3.2 启事的一般格式 (Layout of Announcements)

标　题 ANNOUNCEMENT

正文(事由、时间、地点、目的、联系方式等)

落款(姓名或机构名称、联系方式、时间)

【提示】标题要在正文上面中间用大写字母写出。另起一行,空格后开始写正文。落款写在右下方,一般是启事单位的名称或启事人的姓名。

3.3 常见实例 (Samples)

Sample 1: (寻人启事)

A Girl Lost

Tingting, a girl, 5 years old, has been missing since May 24. She is of yellow skin, and has black eyes and round face with short hair. One of her most outstanding characteristics is that a mole lies under her lower lip on the left side. When she was leaving, she wore a white shirt and a skirt with blue flowers on a white background. A pair of blue sandals was worn on her feet.

Anyone knowing her whereabouts is requested to report to any police station or to her family at the following address:

Mr. &Mrs. Mai Jing
263 Youyi Street
Tel: 1391234987

参考译文:

寻人启事

婷婷,女,5 岁,5 月 24 日走失,迄今未归。她,黄皮肤,黑眼睛,圆脸蛋,短发,最显著的特点是下唇左下侧有颗黑痣。她走时身穿白色衬衣和白底蓝花裙,脚穿蓝色凉鞋。知其下落者请通知警署或按下列地址通知其家人:

友谊大街 263 号　麦静夫妇　电话:1391234987

Sample 2: (寻物启事)

Lost

I was careless and lost a copy of *Longman Dictionary of Contemporary English* when studying in the reading room yesterday. Will the finder please send it to the office of the English Department or ring me up to fetch it back?

Feng Xiao

Address: Room 310, Student Dormitory 9

Tel: 51682323

参考译文：

寻物启事

本人昨天在阅览室不慎丢失《朗文当代英语辞典》一本，请拾到者将辞典送到英语系办公室或者打电话与我联系。非常感谢。

冯小

地址：学生宿舍9号楼310房间

电话：51682323

Sample 3：（迁址启事）

Announcement

Effective from Mar. 8, 2004, the address of Beijing AAA Company will move to 19 Chaoyang Road, Beijing, the new telephone number will be 66186616.

Beijing AAA Company

Feb 13, 2004

参考译文：

迁址启事

自2004年3月8日起，北京AAA公司将迁至北京市朝阳路19号办公，新的办公电话为66186616。特此公告。

北京AAA公司

2004年2月13日

3.4 常用表达和句型（Useful Expressions and Sentence Patterns）

1. I happen to find...
   我捡到……
2. Please come to... to claim...
   请到……领取……
3. Will the finder please return / send...
   请捡到者将……归还至……
4. Please email me a response if you are interested in...
   如果您对……感兴趣，请给我发电子邮件联系。

5. Please contact... at ...
   请打电话……联系……

练习(Exercises)

I. Translate the following announcement into Chinese.

A Jacket Lost

On the playground, May 12, a Jacket, green in color and with a zipper in the collar was lost. Finder please return it to the owner, Krutch. Room 203, Dormitory 9.

II. Translate the following announcement into English.

招领启事

2月6日晚上有人在电影院入口处拾到一个mp4，请失主与大华电影院的值班经理联系。

III. Writing Practice

1. 你今天早晨在上学的路上，不慎将钱包丢失。里面装有一些钱、一张IP卡和一张月票。请拾到者送到十一中学或电话联系。你的名字叫张信，电话号码是669745，请根据以上信息写一则寻物启事。
2. 假如你是校报负责人，急需在学校内聘一位同学任英文版的编辑，请你用英文以"An English Editor Wanted"为题目写一则招聘启事。主要内容如下：
   (1) 该工作主要包括两部分：一是从英文报纸杂志及互联网上选择适合学生的文章；二是选择与编辑同学们的来稿。
   (2) 希望该同学满足下列要求：
      ① 乐意奉献出一些业余时间为同学们服务；
      ② 英文与美术皆好；能熟练使用电脑。
   感兴趣的同学请在本周内与学生会(Students' Union)联系。
   注意：(1)词数100左右；(2)不要逐字翻译，要组成一篇通顺连贯的短文。

备忘录和电话记录
(Memos and Telephone Messages)

1. 备忘录 (Memos)

备忘录通常用于公司内部传递信息，将实情、信息、观察资料等进行传阅。它多采用不完整的句子，只需很少几个词，甚至一个词，目的在于使收件人对文中的主要内容一目了然，便于及时处理。

1.1 备忘录的基本要点 (Main Points Included in Memos)

To：(收件人，如 All Faculty)
From：(发件人，如 Jim B. Hardeman)
Date：(日期，如 September 12, 2001)
Subject：(事由，如 Faculty Meeting)
正文

1.2 备忘录格式 (Layout of Memos)

Memorandum(备忘录)(可有可无)

To：(收件人)
From：(发件人)
Date：(日期)
Subject：(主题)

正文

【提示】在 date, to, from, subject 字样后填上相应的内容。在上述字样下面空两行写正文。不用称呼和结尾礼词。发件人的姓名首字母写在与正文末行空一行的地方。

1.3 常见实例 (Samples)

Sample 1：

Date: August 10, 2004
To: All Students
From: A. Buttle
Subject: Journalist Position Available for the Summer Semester
The student newspaper is currently looking for a journalist for the summer semester.

Applicants should currently be studying at the university, and should preferably have at least two years' writing experience.

The successful applicant will be expected to write two articles every week on happenings in the city and on campus. The position will commence at the end of May and will last through to the end of August. The salary for the position is negotiable and will be based on experience. If you are interested, please send your resume to the campus newspaper office.

译文：

日期:2004年8月10日

致：全体学生

自：A. 巴特尔

事由:夏季学期记者招聘

学生报正在招聘夏季学期的记者。条件是应聘人应是本校的在校生,最好至少有两年的写作经验。

被聘者将每周写两篇关于这个城市和校园的报道。工作是从五月底开始,一直持续到八月底。工资待议,且会以其经历为依据。感兴趣者,请把你的简历寄到学校报社。

Sample 2:

To: Mr. Niu, Sales Manager
From: Gao Xingxing, Assistant
Date: Dec. 4th, 2008
Subject: Handling of the Enquiry

I have dealt with the enquiry that you passed to me on Monday. The enquiry was from Donna Milk, who wanted to know whether we could offer her company a special wholesale discount. I told her that we could offer her company a 12% discount on orders over $10,000.

参考译文：

收件人：销售经理牛先生
发件人：助理高星星
日期：2008年12月4日
内容：处理询价事宜

您周一交给我的询价事宜已经处理完毕。堂娜·弥尔克女士想问我们能否给她一个批发价的特别折扣，我告诉她10000美元以上的订单我们可以提供12%的折扣。

1.4 常用表达和句型（Useful Expressions and Sentence Patterns）

1. I would like to remind you that our office is in want of a new English typewriter.
   我想提醒您一下，我们办公室急需一部英文打字机。
2. The board of directors approved your proposal at the meeting last week.
   董事会在上周的会议上通过了你的建议。
3. Please let me know your response to these suggestions.
   我想知道你对于这些建议的看法。
4. Please feel free to contact me if you need further information.
   如果需要更多信息请随时与我联系。
5. I highly appreciate your considerations to these proposals.
   我期待你能考虑一下这些建议。

练习（Exercises）

I. Translate the following memo into Chinese.

MEMO

To: Leader of the Biology Laboratory

From: Li Yang of Biology Department

Date: August 12, 2004

Subject: Microscope

I'm a student of biology department and we are badly in need of an extra microscope in order to improve our experimental work.

Our experiment will start on Friday, so please issue a microscope to us as soon as possible so that we can prepare better for the experiment.

II. Translate the following memo into English.

至：全体员工

自：培训部经理

日期：2007 年 6 月 1 日

主题：外语培训课程

由于我们最近接到一个大的出口订单，公司要求组织一次外语培训，该课程自 6 月 19 日开始，为期两周。与订单处理相关的员工均需参加此次培训。

III. Writing Practice

1. 根据以下内容写一则备忘录。2003 年 10 月 12 日学生王泉向学生公寓管理部门建议为每个学生宿舍安装一部电话，并简要陈述一下安装电话的重要性。

2. 假如你是公司负责人 Bill Gates,公司本月利润比去年同期上涨 10%,为感谢员工长期的努力工作,你已经安排了全体员工下个月到夏威夷旅行作为奖励。根据以上内容,写一则备忘录。

2. 电话记录 (Telephone Messages)

电话记录需要详细、准确地记录要转达的所有信息,要求叙述有条有理,语言力求简明扼要。

2.1 电话记录的基本要点 (Main Points Included in Telephone Messages)

电话记录一般有四个组成部分:日期、称呼、正文、签名。电话记录没有具体的格式规定。一些公司有印好的便条笺。

2.2 电话记录的一般格式 (Layout of Telephone Messages)

Telephone Message

To:(至)__________________

Name of caller: (自)__________________

Date(日期)__________________

Time(时间)__________________

Message:(留言)

____

Action required: ( ) Please call back (请回电话)

( ) Caller will call back later (过一会儿再打过来)

( ) No action required (没有要求)

( ) Urgent (紧急)

Signed: (记录人)____

2.3 常见实例 (Samples)

Sample 1:

Telephone Message

To: Tom

Name of caller: Mike

Date: 19th July

Time: 11:30 a.m.

Message:

He wants to borrow your car and keeps it for a week if it's convenient for you.

Action: Please call back if any problem at 64776488.

Signed: Frank

参考译文：

电话留言

至：Tom
自：Mike
日期：7月19日
时间：上午11:30
留言：方便的话迈克想借你的车用一个星期。
　　如果有问题请回电话64776488。
记录人：Frank

Sample 2:

Telephone Message

From: Helen
To: Sarah
Date: April 3rd, 2000
Time: 9: 30 am

Message:

Helen called to tell you that she had to meet her boss at the company today. She can not go to the concert with you.

Signed: Linda

参考译文：

电话留言

自：Helen
至：Sarah
日期：2000年4月3日
时间：上午9:30
留言：Helen今天必须到公司去面见老板，因此不能跟你一起去听音乐会了。
记录人：Linda

2.4 常用表达和句型（Useful Expressions and Sentence Patterns）

1. You are expected to call him back when you are free.
   您有空的时候请给他回电话。
2. Mr. Li called to say that...
   李先生打电话来说……

3. She wants you to call her today at 62891374.
   她请您今天回电话 62891374。
4. He has just rung up saying that tomorrow's lunch appointment had to be canceled.
   他刚才打电话来说明天的午餐约会不得不取消了。
5. You are required to ring him up any time today from 9:00 to 5:00 at 62332233, Ext.2001.
   请您在今天 9 点到 5 点之间给他打电话 62332233 转 2001。
6. Please call back to confirm.
   请回电确认。
7. Call... to check if necessary.
   如有必要,请打电话给……确认。

练习(Exercises)

I. Translate the following telephone message into Chinese.

TELEPHONE MESSAGE

FROM: Pat
TO: Jack
DAY: Friday
TIME: 4:00 p.m.

MESSAGE: There is no party today. It'll be at 5:00 on Sunday afternoon. Pat will meet you here at 4:30 p.m. on that day.

Signed: Lisa

II. Translate the following telephone message into English.

电话留言

自:刘欣
至:Paul
时间:周二下午 1:45

留言:你的朋友刘欣来电话说她的手机坏了,更换了新的手机号码 123123123,请尽快给她打电话。

记录人:Laura

III. Writing Practice

1. 假如你叫张东,你的同事史密斯先生正在开会,上午10:25你接到一个找史密斯先生的电话，中央电视台的一位李先生通知史密斯先生他将按计划于后天5月25日下午2点抵达上海,并请史密斯先生回电话确认。将以上内容给史密斯先生写一则电话记录。

2. 假定你叫林立。星期四下午两点半理工大学外语系Bob打电话找Lee先生,约他第二天上午十点在Bob办公室会面，并说如果这个时间不合适的话请Lee先生给他打个电话。当时Lee先生不在你校办公室,你代替他接的电话。请你写一张便条,转告Lee先生电话内容。

便条
(Notes)

便条是一种简单的书信，主要目的是为了尽快把最新的信息、通知、要求或者活动的时间、地点转告给对方。常见的便条有收条、欠条、留言和请假条等。

1. 请假条 (Notes Asking for Leave)

1.1 请假条的基本要点 (Main Points Included in Notes Asking for Leave)

(1) Date：请假的日期 (2) Salutation：称呼 (3) Body：正文 (4) Signature：署名

1.2 基本格式 (Layout of Notes Asking for Leave)

请假条的格式与书信的格式基本相同。

1.3 常见实例 (Samples)

Sample 1：

Dec. 21st

Dear Ms Han,

I am sorry to tell you that I can't go to school today. Last night my mother had a high fever and a bad cough. Perhaps she has caught a flu. I will take my mother to Tiantan Hospital and then look after her at home, so I can't go to school today. I would like to ask for one day's leave. I will be very grateful if you grant my leave.

Yours,

Ding Li

敬爱的韩老师：

很抱歉我今天不能去上学了。昨天夜里我妈妈发高烧，咳嗽得厉害，她可能得了流感。因为今天我要带妈妈去天坛医院，然后在家照顾她，所以不能去上学了。因此我想跟您请一天假。如果您能准假我会非常感激。

学生：丁丽

12月21日

Sample 2:

Mar. 6

Dear Ms Gates,

I got a high fever and a bad cough yesterday. So I have to ask for 2 days' leave according to the doctor's advice.

Your kind permission will be greatly appreciated.

Han Pingping

参考译文:

亲爱的盖茨老师:

我昨天发高烧且咳嗽很厉害,医生让我休息,特向您请假两天,如果您能批准我的申请我将不胜感激。

韩萍萍

3 月 6 日

1.4 常用表达和句型 (Useful Expressions and Sentence Patterns)

1. I should be much obliged if you would grant me my application.
   如果您能批准我的申请我将不胜感激。
2. I beg to apply for seven days' leave.
   我特向您请假 7 天。
3. Please give an extension of leave for three days.
   请准予续假三天为盼。

练 习 (Exercises)

I. Translate the following note into Chinese.

Oct. 12

Mr. Hao,

I have caught a bad cold. So I have to ask for 3 days' leave according to the doctor's advice.

Your kind permission will be greatly appreciated.

Li Yang

II. Translate the following note into English.

尊敬的经理：

我想回老家重庆参加我妹妹的婚礼，因此向您请假三天（6月7日到9日）。望准假。

丁丽

6月2日

III. Writing Practice

1. Linda下周六下午要参加BEC考试，所以不能参加外教组织的野餐活动，给外教Tom写一个请假条，并顺祝大家玩得开心。
2. 请根据以下内容写一个请假条：昨晚Lily妹妹来电话说外婆病重，因此Lily特向外籍教师Susan请假7天（16日到21日），回家探望她的外婆。

2. 留言条 (Messages)

2.1 留言条的基本要点 (Main Points Included in Messages)

(1) Date：留言日期　(2) Salutation：称呼　(3) Body：正文　(4) Signature：署名

2.2 留言条的基本格式 (Layout of Messages)

留言条的格式同书信的格式基本相同。

2.3 常见实例 (Samples)

Sample 1:

Sept. 12th

Dear Lila,

I am sorry to tell you that I cannot go to the museum with you tomorrow because of the change of my part-time job. How about next week?

Mary

参考译文：

亲爱的莉拉，

非常抱歉由于我兼职工作的调整，明天不能和你一起去参观博物馆了，下周去可以吗？

玛丽

9月12日

Sample 2:

May 25

Frank,

We are planning to have an outing at 8:00 a.m. on Sunday, May 28. Could you join us and enjoy the spring on the Fragrant Mount? Drinks and fruits are ready. We are looking forward to your early reply.

Susan

参考译文：

弗兰克：

我们计划于5月28日周日上午8点出去郊游。你愿意和我们一起去享受香山的春色吗？饮料和水果都准备好了。盼早日回复。

苏珊

5月25日

2.4 常用表达和句型（Useful Expressions and Sentence Patterns）

1. Call me if you want to join us.
   如果想一起去就给我打电话。
2. Upon receiving this note, please call at 12345678.
   见条后，请立即回电话12345678。
3. Upon receiving this note, please come to my office.
   见条后，请立即来我办公室。

练习（Exercises）

I. Translate the following message into Chinese.

July 7th, 2006

Hi, Mr. Li,

Could you please check on the car to take me to the airport? Please remind the car driver of this. I want to be sure of this car, because it will be too early in the morning to call a taxi if the school car doesn't show up. I am sorry to trouble you again. Here I thank you again for all that you have done for me during my one year's stay in your school. I really enjoy teaching here, and will never forget the days I spent with my students. Probably I will come back some day. I leave some English books to your library. I hope they will be useful to your students.

Yours,

Lynne

II. Translate the following message into English.

亲爱的 Mary,

这个周六是我生日,我要在家里举办一个生日聚会(晚上 7 点),希望你能来和我们一起玩。

Rick

6 月 7 日

III. Writing Practice

1. 外语系将于 5 月 4 日周五下午两点在 2 号楼 506 室组织一次英语演讲比赛,给戴维博士写一张留言条邀请他出任比赛评委。
2. 假如你是公司秘书。经理有事刚出去,你就接到他朋友的电话,说有急事要告诉他,让经理回来后速回电话。请你用英语给经理写一封 50 字左右的便条。告诉他:
   (1) 你何时接到他朋友的电话;
   (2) 电话内容;
   (3) 他朋友的姓名及电话号码。

Unit 4

广告
(Advertisements)

广告是人们日常生活中不可或缺的一部分,一则好的广告应该做到形式上新颖独特,以达到引起读者或听者注意的目的。

1. 招聘广告 (Job Wanted Ad.)

1.1 招聘广告的基本要点 (Main Points Included in Job Wanted Ad.)

(1) The name of the recruiting unit (招聘单位名称)
(2) The brief introduction of the recruiting unit (单位简介)
(3) The job titles being offered (招聘职位)
(4) The job responsibilities (工作职责)
(5) The qualifications for application (应聘资格)
(6) The way of application (应聘的方法)

1.2 常见实例 (Samples)

Sample 1:

AAA(China) Co. Ltd. is a wholly foreign-owned enterprise. Thanks to our steadily growing business in China, we now invite capable persons for the following position:

Project Management Assistant

Responsibility:

—Provide service for the project in Beijing.
—Provide assistance to the project manager for everyday work.
—Responsible for file management, customer service for students and parents.

Requirements:

—College degree and above.
—Good English and computer skills.
—Related working experience in international organizations.
—Patient, careful, supportive. Has strong teamwork spirit.
(Warmly welcome fresh graduates to apply for this position.)

Marketing Assistant

Responsibility:

—Responsible for the local management of marketing and sales activities according to instructions from the head office.

—Collect related information to the head office.

—Develop relationship with local media and customers.

Requirements:

—College degree and above with good English (speaking and writing).

—With basic idea of sales and marketing, related experience is preferred.

—Working experience in international organizations is a must.

—Good communication and presentation skills.

Applicants should send your full resumes both in Chinese and in English, telephone number and address to: Personnel Department, AAA (China) Co. Ltd. Beijing Economic & Technical Development District, Beijing 100100

参考译文：

AAA(中国)有限公司是一家外商独资企业。由于我们在中国的业务不断扩大，现聘请精明能干的人士来应聘以下职位：

工程管理助理

责任：

—为北京的工程提供服务。

—日常工作上为工程经理提供帮助。

—负责文件管理，为学员和家长们提供客户服务。

要求：

—大学及以上学历。

—英语和计算机技能良好。

—在国际机构中有过相关的工作经验。

—耐心、仔细、起配角作用。具有强烈的团队工作精神。

(热烈欢迎应届毕业生申请这个职位。)

市场助理

责任：

—根据总公司的指示负责管理本地的市场和销售活动。

—收集相关的信息发送到总公司。

—发展同本地媒体和用户的关系。

要求：

—大学或以上学历，英语良好(说与写的能力)。

—具有销售和市场营销的基本理念，有相关经验者优先。

—必须在跨国机构中有工作经验。

—具有良好的沟通和表达技能。

应聘者须将中、英文详细的简历、电话号码及地址寄至：

北京经济技术开发区 AAA(中国)有限公司 人事部 收　邮编 100100

1.3 常用表达和句型 (Useful Expressions and Sentence Patterns)

1. Work well with a multi-cultural and diverse work force.
   能够在不同文化和工作人员的背景下出色地工作。
2. Initiative, independent and good communication skill.
   积极主动、独立工作能力强,并有良好的交际技能。
3. Have positive work attitude and be willing and able to work diligently without supervision.
   有积极的工作态度,愿意和能够在没有监督的情况下勤奋地工作。
4. Able to work under high pressure and time limitation.
   能够在高压力下和时间限制下进行工作。
5. The main qualities required are preparedness to work hard, ability to learn, ambition and good health.
   主要必备素质是吃苦耐劳、学习能力强、事业心强和身体好。
6. Please apply with a full English resume, a recent photo to...
   有意者请将详尽的英文简历、近照一张寄至……

2. 产品广告 (Product Ad.)

2.1 产品广告的基本要点 (Main Points Included in Product Ad.)

(1) 标题(headline),有的有副标题(sub headline);
(2) 正文(body text);
(3) 口号(slogan);
(4) 商标(trademark);
(5) 插图(illustration)。

以上五部分中,前三部分为语言文字(verbal)部分,是广告的主体部分;后两部分为非语言文字(nonverbal)部分,是广告的辅助性部分。

2.2 常见实例 (Samples)

Sample:

Mercedes-Benz **C—for yourself**
Performance at your command
Agility control , 7G tronic
Safety at your command
PRE-SAFE, bluetooth connectivity, intelligent light system
Comfort at your command
Command APS, controller

参考译文：

梅塞德斯—奔驰 C级轿车

性能如你所愿

敏捷操控系统，7速自动变速箱

安全如你所愿

预防性安全系统，蓝牙连接，智能照明系统

舒适如你所愿

驾驶室管理和数据系统，控制按钮

2.3 常用表达和句型（Useful Expressions and Sentence Patterns）

attractive and durable

美观耐用

easy to use

操作简单

reasonable price

价格实惠

to have a long history and reliable reputation

久负盛名

quality guaranteed

保证质量

练习（Exercises）

I. Translate the following advertisement into Chinese.

China Daily Newspaper Recruitment

The China Daily newspaper group is looking for bilingual sports editors to strengthen its international team. We offer a competitive salary package, free accommodations, seven days of paid leave, and a return ticket to the country of residence.

Bilingual（English and French）sports editor

You must:

Be bilingual, fluent in English and having good writing skill in both French and English;

Having a good understanding of sports, especially the Olympic Games;

Being able to work for long hours;

Having good teamwork spirit;

Having good organization and management skills.

Contract period: From April 2008 to the end of September 2008

For enquiries or to apply, send your CV to job@chinadaily.com.cn.

II. Translate the following advertisement into English.

规格特点：智能手机，触摸屏，支持 8GB 存储卡
屏幕：3.5 英寸 TFT 触摸屏
支持蓝牙
照相机：2 百万像素
支持音频播放器
支持视频播放器
游戏功能
支持 WAP，电子邮件，GPRS

III. Writing Practice

1. 根据以下信息写一则广告：

   如意宾馆拥有 200 个房间，两个 24 小时开放的餐馆，有游泳池，紧邻市中心商业区。

   地址：海淀区清河路 58 号

   电话：010 66666666

   传真：010 66666666

   无论团体大小，我们乐意为您服务。

2. 根据以下信息写一则广告：

   房屋出租

   安静(靠近社区公园)/ 人民路 12 号 10 楼 /95 平米，两室一厅一卫 / 带车位 / 房租每月 5000 元(不含水电)/ 请致电 51243698 找李女士

Part I 高职常用考试作文介绍
(Types of English Writing Tests)

剑桥商务英语(BEC)考试作文
(Writing Styles in Business English Certificate)

Unit 1

剑桥商务英语(BEC)初级考试作文
(BEC Preliminary)

写作练习参考答案

I. Part One:

Helen,

My new client, Jorge Smith, is coming to my office tomorrow afternoon at 2 o'clock. But I'll have to be late for half an hour because of a meeting. Would you please tell Mr. Smith to wait for me until I come back? Thanks.

Tom

II. Part One:

Dear Mr. Wang,

Our department is preparing much more orders than before and my secretary has to make several weeks leave request to enjoy her honeymoon from tomorrow. Consequently we are in urgent need of a temporary secretary. Thank you for your help.

III. Part Two:

Dear Mr. Freeman,

Thank you for your letter of 30 October 2008. I am writing to accept the invitation.

I will talk about the research and development in my own company. I will need a conference room with well-equipped communication facilities and good lighting. Furthermore, I need some information where the conference will take place.

I would be very grateful if you could send me a conference information pack.

If you require any further information, please do not hesitate to contact me.

Yours sincerely,

(Signature)

IV. Part Two:

Dear Ms. Wong,

Thank you for your letter enquiring about two of our cleaning products.

We would be delighted to offer you 50% discount if you buy 30 liters of each product. We would like to deliver the products before 18th October as you required in the letter.

Pleas phone us if you would like further details.

Yours sincerely,

Dean

剑桥商务英语(BEC)中级考试作文
(BEC Vantage)

写作练习参考答案

I.

Dear Ms. Smith

As you know, we always have increasing number of orders before Christmas. I need to hire 3 people for two weeks for packaging. I don't require any specific skills. I need them by the end of the next week at latest.

Regards

Anja Vinogradova

II.

Dear All Members

I am writing to inform you that we are told to make an advertising campaign for the new products—video players. I have chosen to advertise them on radio for the sake of saving cost. With more listeners, I believe it would be a great success.

Yours sincerely,

III.

Report on Satisfaction-Level of Staff Members

Introduction

This report aims to show whether our staff members are satisfied with their working conditions or not.

Findings

The recent meeting shows clearly that our staff is quite satisfied with the working conditions. Especially, a lot of them have praised our pension scheme and our childcare vouchers.

Nevertheless, some complained about unflexible working hours, as they have to take care of their children at home.

Apart from this, the poor conditions of some office areas were mentioned. A lot of them are dissatisfied with the dirt on the floors and the old-fashioned computer systems.

Finally, I would suggest to increase the number of days off, as most members feel quite exhausted after 6 months without holiday.

Conclusion

In my opinion, we should try to improve working conditions, for this will lead to higher productivity.

IV.

Dear Sir

With reference to your letter dated 18th October, 2004 concerning renting a unit for a new factory location of yours, I am writing to inform you that our company, Arvon Industrial Park, will meet your need. Firstly, our park is located immediately to the high way. The transportations here are very convenient. There is also a railway station around. Secondly, our industrial park offers 24-hour security services and auto fire-resistant system. Thirdly, we have enough parking places for staff parking, which can accommodate 300 cars. Furthermore, our electricity facilities were improved last year. Now we can offer whole day electricity supply. Finally I would like to tell you that if you have long-term rental contract with us, we will provide you with 10 percent discount for the first two years' rental.

I do hope we can be your supplier in the future. Please contact us at your earliest convenience.

Yours faithfully,

高等学校英语应用能力(AB级)考试作文
(Writing Styles in Practical English Test for Colleges Band A & B)

写作练习参考答案

I.

Dear Sir or Madam,

I'm Zhang Shuo. I'm writing to apply for the post advertised in the China Daily on 10th of Oct, 2008.

I got a BA in English literature from Beijing Foreign Studies University in 2003. I have been working in a joint venture for two years as a translator. Therefore I am confident that with my translating experience here, I can best fit your position concerned with translating of advertisement.

I've enclosed in the letter my resume. Thank you for your time reading it and look forward to your reply.

Yours sincerely,
Zhang Shuo
Address: 10 Haidian Street, Beijing Postcode: 100098

II.

To: Holiday Inn <marketing@holidayinn.com>
From: John Smith < js456@vip.263.com>
Date: 10 Dec, 2007
Subject: Cancellation of Hotel Booking

Dear Sir or Madam,

I am writing to inform you that to our greatest regret the changed journey forces us to cancel our reservation for the two single rooms from Dec. 12th to 15th at your hotel made in the name of John Smith on Dec. 5th, 2007.

Please write back to confirm the cancellation and tell us if we should pay the cancellation penalty.

Yours faithfully,

John Smith

III.

MEMO

Date: June 16, 2007

To: All departmental managers

From: Albert Green

Subject: The Sales Program for the 3rd Quarter of 2007

Our department has set down the new sales program for the 3rd quarter. All departmental managers are required to meet at the Conference Room at 1 p.m. on June 19, 2007 to discuss it. If anyone is unable to attend the meeting, please notify our department secretary in advance.

IV.

(2) 633

(3) Wang Zhengqi

(4) OBE Company

(6) Mr. Wang Zhengqi wants to make an appointment with Mr. Albert Smith to discuss business at OBE Company. Mr. Wang Zhengqi will pick up Mr. Albert Smith at Hotel at 9:00 tomorrow morning. In the afternoon, Mr. Albert Smith is invited to visit a new assembly line at OBE Company.

(8) December 22th

(9) 10: 00 a.m.

Part II 写作基础知识（Fundamentals of English Writing）

英语句子
(English Sentence Writing)

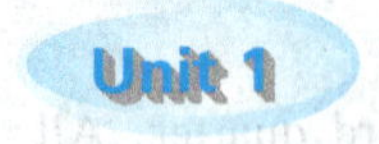

英语基本句型和从句
(English Sentence Structure and Clauses)

2. 英语基本句型 (Basic Sentence Patterns)

练习 (Exercises)

I. Translate the following sentences into Chinese.

1. 花朵散发着芳香。
2. 河流干涸了。
3. 地震听起来就像从我房子下面呼啸而过的火车。
4. 我们必须保持身体健康。
5. 几年的实践以后，爱因斯坦的“相对论”证明是对的。
6. 她坐着一动不动，害怕极了。
7. 这些地方讲的语言仍然保持不变。
8. 我校发生了巨大的变化。
9. 老师走了进来，后面跟着学生。
10. 我坐在讲台前，等着生平第一次发表演说。
11. 孩子们开始唱歌。
12. 你必须记住把这封信寄了。
13. 双方就会议日期达成一致。
14. 她止不住眼泪。
15. 我们选她当班长。
16. 我们发现小女孩在大街上哭。
17. 我们选他为团支部书记。
18. 我记得我很明确地跟你表示过我不来。
19. 他们觉得争论这件事纯粹是浪费时间。
20. 你觉得再多派一些人去会有好处吗？

II. Translate the following sentences into English.

基本句型一：主语+谓语(不及物动词)

1. Food goes bad easily in summer.
2. It's getting colder and colder.
3. The news soon spread all over the company.
4. He fell asleep in class.
5. They don't approve of it.
6. We are looking forward to the day.

基本句型二：主语+谓语(及物动词)+宾语

1. The small company badly needs help.
2. What language are you studying?
3. She hardly knew how to deal with the problem.
4. They decided to set off early.
5. Did you arrive at any conclusion?
6. I remember posting the letter sometime last week.

基本句型三：主语+谓语(系动词)+表语

1. My father and mother are both teachers.
2. She didn't feel well today.
3. We must keep fit.
4. Country music today remains much the same as before.
5. We must be off now.
6. My dream has at last come true.

基本句型四：主语+谓语(及物动词)+间接宾语+直接宾语

1. He gave me a beautiful card.
2. Please show me your passport.
3. The doctor advised her to have an operation.
4. They accorded him a hearty reception.
5. The boss only allowed us two hours to pack up.
6. I hope you will do me a favour.

基本句型五：主语+谓语(及物动词)+宾语+补足语

1. We made him marketing manager.
2. Didn't you notice him go into this room?
3. We must keep the room clean and tidy.
4. They found him a very suitable person for the job.
5. We have got everything ready.
6. We will make you responsible for all the damages.

3. 从句（Clauses）

3.1 名词性从句

练习（Exercises）

I. Translate the following sentences into Chinese.

1. 他们追求的是利润。
2. 这里说的话都应当保密。
3. 谁要是看不到这一点就要犯极大的错误。
4. 发生了这样的事情不是你的错。
5. 她来的可能性似乎不太大。
6. 他突然想起忘记带笔记本了。
7. 他们什么时候来还没有宣布。
8. 他来不来对我们影响不大。
9. 让我吃惊的是他英语说得这么好。
10. 谁来主持会议还未定。
11. 她很幸运还活着。
12. 非常明显，这样的交谈使约翰感到不愉快。
13. 我们是否需要则是另外一回事。
14. 很显然是有人故意这样做的。
15. 他们何时结婚依然不明。
16. 你所说的并不重要。
17. 近来谁也没有见过他，这一情况令办公室所有的人不安。
18. 这一计划是否可行还有待证实。
19. 请让我们知道你是否能在星期五以前把文章写完。
20. 他们在调查他是否值得信赖。

II. Translate the following sentences into English.

1. That is why he is so angry.
2. This is just what they need.
3. The question is whether he is willing to accept this advice or not. /The question is if he is willing to accept this advice.
4. It looks as if it's going to snow.
5. Whether he comes or not makes no difference.
6. All that he said is true. / What the said is true.
7. How mum is going to do this is a mystery.
8. Whether I like him or not doesn't matter.
9. The news that he has succeeded inspired me greatly.
10. The teacher was very satisfied with what I did.
11. I wonder whether you can help me or not.
12. The reason why I am late is that I got up late.

13. I have no idea at all where he has gone.
14. It is certain that he will come to the party.
15. The question is whether we can complete the task on time.
16. There is no doubt that he is qualified for this job.
17. John said that he was leaving for London on Wednesday.
18. The fact is that he has not been seen recently.
19. The point is whether we should lend him the money.
20. It is a pity that you missed the concert.

3.2 定语从句

练习（Exercises）

I. Translate the following sentences into Chinese.

1. 那就是我给我姐买的书。
2. 希望参加语言培训课的人向培训中心报名。
3. 请把那本题为《管理策略》的书递给我。
4. 这就是那本拥有成千上万读者的杂志。
5. 这个条子是约翰留下的，他刚才来过这儿。
6. 我租用的那辆车开了5英里就出故障了。
7. 知道发洪水的旅客走了另一条路。
8. 地窖里的酒全给毁了。
9. 这本书非常有趣，它的作者是一位80岁的妇女。
10. 这位司机我以前从来没有见过，但他坚持说认识我。
11. 正如大家所看到的，中国已经发生了巨大的变化。
12. 《泰坦尼克号》是好莱坞生产的最精彩的电影之一。
13. 众所周知，台湾属于中国。
14. 1949年10月1日是中华人民共和国成立的日子。
15. 我永远忘不了20年前我离开家乡的那个日子。
16. 你能告诉我他为什么不得不被调到别的公司吗？
17. 在伦敦生活了10年以后，他回到了他儿时的故乡。
18. 我有一本和你一样的书。
19. 5分钟前你联系的那个人是这家公司的总裁，他在这个国家已经生活了10年。
20. 这场已经进行了10多年的战争结束了。

II. Translate the following sentences into English.

1. This is the farm which we visited last summer.
2. I will never forget the days (which) I spent in Beijing.
3. The machine was designed by Mr. Wang, whose father is also an engineer.
4. The bike (which) I lost has been found.
5. The man (whom /who/that) I saw told me to come back today.
6. Come any time when you like.

7. He stayed in a country hotel, where his sister worked.
8. The Great Wall is one of the world-famous buildings that draw lots of visitors.
9. Those who want to go to the English party must be at the school gate by 7:30p.m.
10. The gentleman you met last night is the marketing manager who works very hard.
11. This is the director (whom) we were looking for yesterday.
12. Please pass me the project plan whose cover is green.
13. This is the book which has been translated into many languages.
14. Is there anything (that) I can do for you?
15. The first thing (that) we should do is to work out a plan.
16. This is the most interesting story (that) I have read.
17. This is the last thing (that)I want to do.
18. She heard a piece of wonderful music, which could make her calm down.
19. The branch of the bank in New York is headed by a British, whose wife is from Italy.
20. We will put off the visit to the head-office until next week, when we won't be so busy.

3.3 状语从句

练习 (Exercises)

I. Translate the following sentences into Chinese and tell what kind of adverbial clauses they are.

1. 既然没有人反对,这个议案我们就通过了。(原因)
2. 整个事件我都记得,就好像是昨天发生的似的。(方式)
3. 电流通过这些高压线到需要它的地方去。(地点)
4. 只有当人们生病了的时候,人们才意识到健康的宝贵。(时间)
5. 考虑到他们才刚刚学做,他们干得算是很不错了。(条件)
6. 既然他不肯帮助我们,我们现在就没有理由要帮助他。(条件)
7. 他们干完活以后休息了一下。(时间)
8. 因为他太懒了,所以被开除了。(原因)
9. 无论你在哪里工作,都要全心全意地为人民服务。(地点)
10. 虽然她很年轻,但她知道很多科学知识。(让步)
11. 你是这么好的一个人,我不能再伤害你了。(结果)
12. 在自己家里,想干什么就干什么。(方式)
13. 这家公司正在发行股票,以筹集更多的发展资金。(目的)
14. 这份工作比我上一份工作难多了,所以我决定辞职。(结果)
15. 她非常喜欢中国文化,以至于她的爱好就是中国画和京剧。(结果)
16. 这里有这么多人大声说话,以至于我一点都听不清台上的人讲的话。(结果)
17. 再不跑你就晚了。(结果)
18. 我们应该早点出发,这样我们就可以在中午之前到达那里。(目的)
19. 这个地方美得难以形容。(比较)
20. 即使你取得了很大的成绩也不应当骄傲。(让步)

II. Translate the following sentences into English and tell what kind of adverbial clauses they are.

1. Where did you see the person? Or
   Where was it that you saw the person? (地点)
2. He did not speak until he thought it over. (时间)
3. We set out early so that we might get there in time. (目的)
4. Mr. Taylor is the most remarkable teacher I've ever met. (比较)
5. He carries the camera with him wherever he goes. (地点)
6. Send us a message in case you have any difficulties. (条件)
7. Which do you like most, tea, coffee or lemonade? (比较)
8. She resigned on the ground that her health was falling. (原因)
9. Seeing that he is ill, he is unlikely to come. (原因)
10. Of all the capital cities in the world, Bangkok is the one I would most like to visit. (比较)
11. We must finish the work in time though we are short of manpower. (让步)
12. No matter what you say, I won't agree with you. (让步)
13. I did just as you told me. (方式)
14. I didn't feel as he did. (方式)
15. John is more diligent than any other boy in the class. (比较)
16. The company is selling shares of stock in order that it can get money to expand. (目的)
17. He worked fast and well, so that he finished the work ahead of time. (结果)
18. She was so angry that she could not speak/say a word. (结果)
19. As the weather was fine, we decided to go outing. (原因)
20. Since she is not feeling well, we won't ask her to go with us. (原因)
21. The cold weather started earlier this year than last year. (比较)
22. If it is fine tomorrow, we will go to have a picnic. (条件)
23. The style of the new building is different from that of the old building. (比较)
24. Her English is as fluent as her mother's. (比较)
25. This dictionary is the same as that one. (比较)
26. I will let you know as soon as it is arranged. (时间)
27. He is perhaps the busiest person in the company. (比较)
28. Bill is the most intelligent of the three boys. (比较)

Unit 3

好句子的标准
(Good and Effective Sentences)

练习（Exercises）

I. Translate the following sentences into Chinese.

1. 他曾多次给我们提过好的意见。
2. 他不仅讲得更准确，而且也更流利。
3. 直到最近我才知道机器人是什么样的。
4. 他还没说完，就有人起来驳斥他的观点。
5. 他刚刚睡下，忽然敲门声就把他惊醒了。
6. 他一到那儿，就生病了。
7. 他没有一次食言。
8. 我们一点都没想到这个地区矿产资源如此丰富。
9. 我们上次见面时你说的话我还记得很清楚。
10. 你知道参加晚会的人数是多少吗？
11. 他们的目的是在寻找途径满足顾客"少花钱多办事"的需求。
12. 这个工厂的根本出路在于机械化。
13. 你给了我很大的启发。
14. 他们本来该做的事是放弃这项计划。
15. 今天有两件事要讨论。
16. 我们(当时)急切地想知道总裁对这个问题是怎么说的。
17. 要是出了什么事情，他们应该告诉我们的。
18. 我已经把有关那个案例的文件汇总交给你了。
19. 他们假期的活动已经安排好了。
20. 他的话使在场的人都很感动。

II. Translate the following sentences into English.

1. The problem is whom we can get to replace her.
2. The important question is whether they will arrive here on time.
3. Closer cooperation is what we need at the moment.
4. Their suggestion remains that the working conditions should be improved.
5. The trouble was they couldn't agree among themselves.
6. What I want to know is who will take charge of it.
7. Most remarkable of all is the fact that each question was decided by consensus.
8. Now they all know the fact that China has been greatly changed.
9. It does not alter the fact that he is the man responsible for the delay.
10. That's (the reason) why/that he spoke.

11. I had a problem, which became clearly obvious just as I was to appear at the meeting.
12. Accurate, legible notes are invaluable aids to the students who are enrolled in a lecture course.
13. He gladly accepted this offer, because he needed a lot of time for his studies.
14. Given good health, I hope to finish the work this year.
15. I shall pass by the next paragraph, which has nothing to do with the topic in hand.
16. It was a disappointment when I had to postpone the visit which I had intended to pay to America in February.

英语段落写作
(English Paragraph Writing)

段落的基本特征
(Good and Effective Paragraph)

练习(Exercises)

分析下列段落的展开方式,找出段落的主题句、关键词。并分析句子间的逻辑关系和过渡词汇的运用及作用。

1. 按举例展开

主题句:There are many different forms of exercises to suit different tastes.

关键词:For example

For another example

Besides

展开:这是一段用举例来说明主题的段落,所以很自然地使用了表示举例说明的短语和连接词,同时加强了递进的逻辑关系,非常直观地强调了主题。

2. 按空间展开

主题句:Mr. Cook, a renowned American historian, arranges the books on his bookshelves in a unique way. ...Mr. Cook regards his bookshelves as a map of the U.S. and arranges his history books accordingly. It is odd, but it is convenient.

关键词:In the upper right hand corner

Right under them

The left side of the shelf

From the description above

arranges his history books

展开：这是一段通过描写人物在一个空间的活动来展示人物特点的。逻辑关系的展开主要是由表示空间的词汇完成的。

3. 按过程展开

主题句：Once you encounter a person who has stopped breathing, you should begin immediately to do mouth-to-mouth breathing.

关键词：First

and remove

Then

Next

Then

Then

Repeat the process...

展开：这是一段叙述紧急救护程序的段落，所以逻辑关系的展开依靠表示顺序的词汇来完成。

4. 按分类展开

主题句：Nowadays the news media mainly consist of radio, television and newspapers. Each type has its own advantages and disadvantages.

关键词：Newspapers are the oldest form

The invention of the radio

Television is the most recently developed device

展开：这是一段介绍三种不同媒体手段的段落。逻辑关系的展开是依靠这三种媒体名称来完成的。

5. 按定义展开

主题句：Automation refers to the introduction of electronic control and automation operation of productive machinery.

关键词：Automation refers to...

It reduces... and is designed to make...

The development of automation...

展开：这是一段给 automation 下定义的段落。使用 refer 一词来表示下定义。逻辑关系的展开是通过与 automation 有关的词汇来完成的。

6. 按原因展开

主题句：The hamburger is the most popular food item in the United States. Why are they so popular?

关键词：why

First, easy to prepare

Besides that, varied in many ways

also

In addition

展开：这是一段讨论 hamburger 为何受欢迎的段落。逻辑关系的展开是通过连接词汇的衔接来不断深入探讨原因的过程。

7. 按时间展开

主题句：James Murray was born in Scotland in 1873, the son of a village tailor.

关键词：he left at 14

He had to leave Scotland.

He became a bank clerk in London.

He returned to school-teaching and lived a 72-hour day for the rest of his life.

At first he combined it with his school work; later he moved to Oxford.

展开：逻辑关系的展开主要是由表示时间的词汇来完成的。因为这是人物小传，所以段落的展开是按照时间顺序进行的。

8. 按列举展开

主题句：Color-blind people have problems that people who perceive color never think about.

关键词：For example

The second problem is

In addition

And

展开：逻辑关系的展开是由表示递进关系的词组来完成的，对主题句中所要阐述的 problems 进行了不同程度的列举说明，使读者更为具体地了解了主题的内容。

9. 按程序展开

主题句：There are four separate stages in making bread.

关键词：The first stage

At the next stage

The main step in the second stage

The third stage

In the final stage

The whole process of bread-making finishes

展开：这是一个典型的介绍产品生产过程的段落。通过使用顺序词来逐步介绍主题句要说明的四个生产阶段，使主题句与展开句的关系非常紧密。

10. 按对比展开

主题句：Life in the city is quite different from life in the suburbs.

关键词：People living in the city

But life in the suburbs

If city dwellers

On the other hand

A person living in the city

but people living in suburban areas

展开：逻辑展开通过两种方式：一是重复使用主题句中的关键词如 life , city, suburbs 或与之相关的词汇如 people, person, dwellers；二是使用连接词或短语来对两种不同的事物进行对比，如 but, on the other hand。

英语短文写作
(English Essay Writing)

短文的种类
(Types of English Essays)

练习 (Exercises)

I. Directions: For this part, you are allowed 30 minutes to write a composition on the topic "Challenges." You should write at least 120 words and you should base your composition on the outline (given in English) below:

1) There are challenges everywhere in our life.
2) Some people give in in front of the challenges.
3) Achievements belong to those brave people who always welcome challenges.

Challenges

There are challenges everywhere in our life. From our childhood, we are encouraged to overcome one difficulty after another by our parents. As students, we have to meet the challenge of examinations from time to time. As adults and social beings, we may meet challenges of all kinds such as finishing a difficult task, setting a new record in sports, facing the problem of unemployment and etc.

Some people give in in front of the challenges. They often think the task too tedious and the situation too awful for them to manage, or they themselves too weak, too old to try. Challenge means difficulty but it also means chance. When people see only the dark side of it, they can never taste its sweet fruit.

Fortunately, in our society, there are also many people with strong characters who often create possibilities out of impossible things. Madam Currie successfully extracted a new kind of element—radium; Chen Jing-run achieved the crown in mathematics after years of calculation in his six square meter room; man has landed on the moon, and begin to explore the unsettled land—the Arctic region, the sea and the universe. In a word, achievements belong to those brave people who always welcome challenges.

II. Look at the graph below and write an essay entitled "Overseas Students Returning" in about 120 words. Your essay should cover these three points:

1) The effects of the country's overseas students returning;

2) The possible reasons for the effects;

3) Your prediction of the tendency of the overseas students returning.

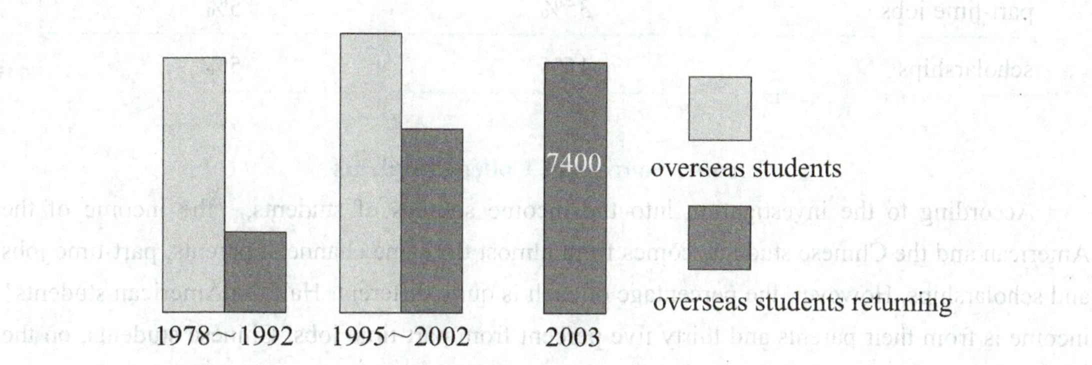

Overseas Students Returning

As can be seen from the charts, China's overseas students, with more and more career opportunities provided in our motherland, are coming back in increasing numbers. There were only about one-third of them returning from 1978 to 1992, while the number hit two-thirds from 1995 to 2002. And what impresses us most is that in 2003 alone, more than 7400 overseas students returned, with the number of those from such developed countries as Britain, France and Australia surpassing that of those going to these countries that year.

Several factors contribute to the coming back of China's overseas students. Firstly, China's rapid economic development lays the base. As demand for western-trained professionals increases, China is providing more career opportunities for overseas students than ever before. Secondly, the Chinese government, realizing the importance of the qualified personnel, has made a series of preferential policies to attract overseas students. One of the measures taken, for example, is the carrying out of the policy "free to come, free to go."

Seeing overseas students returning today, I have every reason to look forward to a still brighter future of our motherland. I'm sure there will be a wave of overseas students returning to China in the years to come.

III. Look at the table below and write an essay entitled "Income Sources of College Students" in about 120 words. Your essay should cover these three points:

1) 概括说明中美大学生的主要收入来源；

2) 分析一下产生这种不同现象的可能原因；

3) 我对其将来趋势的预测。

Income Sources \ Examinees	American Students	Chinese Students
parents	50%	90%
part-time jobs	35%	5%
scholarships	15%	5%

Income Sources of College Students

According to the investigation into the income sources of students, the income of the American and the Chinese students comes from almost the same channels: parents, part-time jobs and scholarships. However, the percentage of each is quite different. Half the American students' income is from their parents and thirty five percent from part-time jobs. Chinese students, on the other hand, get ninety percent of their income from their parents.

In my opinion, there are many reasons for the phenomenon. American students are taught to be independent right from childhood while Chinese parents care so much for their children that it is almost unthinkable for college students to live on their own. In addition, Chinese students have fewer opportunities to find part-time jobs.

Nevertheless, more and more Chinese students are seeking part-time jobs nowadays. They're eager to acquire some social skills and earn extra money which will make them less dependent on their parents. But I expect the source of American students' income will remain the same.

IV. Look at the picture below and write an essay entitled "A Traffic Accident" in about 120 words.

A Traffic Accident

It was a windy morning. I was on the way to school. A car was running up the street while a taxi was speeding down the street. It was a one-way street. In order to avoid the collision, the car turned sharply to the right and hit the road sign headlong with such a great force that the road sign was tilted. As a result, the car was seriously damaged. Though the taxi driver tried to brake his car, it was too late. It crashed into the other car. This led to an angry argument between the two drivers. At this moment, a policeman, blowing a whistle, was running up to the site of the accident.

Every witness on the pavement was scolding the car driver. They thought that he should not have driven his car in this street, because the road sign indicated one-way traffic. He had violated the traffic regulation and should be punished.

Traffic accidents can only be avoided by careful driving and strict observation of the traffic regulations.

V. Directions: For this part, you are allowed 30 minutes to write a composition on the topic "On the Development of Tourism." You should write about 120 words and you should base your composition on the outline below:

1) Tourism is developing rapidly in China

2) Benefits and problems

3) Your opinions

On the Development of Tourism

Tourism, a smokeless industry, is developing rapidly in China. With the opening and reform policy being carried out, thousands upon thousands of foreign visitors are crowding into our country. They are eager to see this old mysterious land with a splendid culture of more than 5,000 years.

Tourism brings China a lot of benefits. First of all, it enables the Chinese people to know more about the outside world and promotes friendship and understanding. What's more, it is financially beneficial to China which needs more foreign currencies for its modernization.

Tourism, however, gives rise to a number of problems. For example, it becomes a burden to the inefficient transportation system. In addition, the living standard of the average Chinese is still not high enough to be able to afford different sorts of expenses during long distance travel.

As for me, with the development of our national economy, all these problems will certainly be solved step by step. A much better and brighter future awaits us.

VI. Directions: For this part, you are allowed 30 minutes to write a composition on the topic "Is Pressure a Bad Thing?" You should write about 120 words and you should base your composition on the outline below:

1) 许多人害怕压力；

2) 但是压力并不一定是坏事；

3) 如何应付压力。

Is Pressure a Bad Thing?

In a society marked by competition, people have to face all kinds of pressure. But many people are afraid to be under pressure. They keep complaining that time is pressing, that the examination is tough, and that the job is stressful.

However, a certain measure of pressure is not necessarily bad. Just suppose without pressure how can a high school student enroll in the university? And the fear of losing one's job keeps an employee working hard to earn a living. Therefore, it is safe to say that pressure makes the world go around.

Of course, too intense a pressure is harmful to an individual's well-being. We must bear in mind that pressure is inevitable and stimulates us to continuous efforts. On the other hand, we must learn how to relieve ourselves of the burden of work and study in our leisure time.

VII. Directions: For this part, you are allowed 30 minutes to write a composition on the topic "Environment and Us." You should write at least 120 words and you should base your composition on the outline (given in Chinese) below:

1）环境对于人类十分重要。

2）从我们做起，保护环境。

Environment and Us

Environment is to us what water is to fish. We can't live without environment. It is so important that all of us should make our efforts to protect the environment.

In order to protect the environment, some immediate measures must be taken. For example, we should take our share in the "battle" against the " white garbage." In other words, we can try our best to reduce the use of plastic bags, to sort them out and to have them recycled. Besides, we can do many other things such as planting grasses and trees, making the best use of solar energy and wind power instead of burning coal and oil... In the mean time, certain actions should be avoided, such as spitting, littering around, smoking in public places...

All in all, actions speak louder than words. We should do more than talk about the protection of our environment. By working hand in hand, we can make the world a better place for ourselves and our future generations.

Part III 英语应用文写作（Practical Writing）

常见社交书信类型及范例
(Social Letters and Samples)

Unit 1

求职信
(Letters of Application)

I. Translate the following blanks into English to complete the letter.

1. I would like to apply for the vacancy of sales representative
2. qualifies me for the position
3. I can speak fluent English
4. I believe that my education and experience will prove useful for work in your office
5. Thanks for considering my application and I am looking forward to your reply

II. Translate the underlined sentences in Sample 2 and Sample 3.

Sample 2:

1. 我想申请贵公司对外贸易业务员的职位。
2. 此外，本人有较强的解决问题的能力。
3. 感谢您考虑我的申请，期待能得到您的回复。

Sample 3:

1. 我从报纸上获知贵公司需要一名懂英语的秘书。
2. 我为之工作的老板对我都很满意。我相信，我也会让您满意的。
3. 希望您能够考虑我的申请，并盼望与您见面。

III. Writing Practice

1. Sample:

March 8, 2008-5-19
Manager of Human Resources
XiongFeng Investment Co., Ltd.
Shenzhen, 518000

Dear sir or madam,

On my graduation from college this fall, I am desirous of securing a position that will offer me an opportunity in the field of import and export. Knowing something of the scope and enterprise of your huge export department, I thought perhaps you would keep me in mind for a possible opening.

I shall graduate from the college this coming July, finishing the requirements in three years. I have had no business experience, but my college record has been good. A copy of my antecedents is enclosed for your reference. In addition, I have excellent problem-solving skills and feel that, if given the opportunity, I would be an immediate as well as a long-term asset to your firm.

I shall be glad to be called at any time for an interview.

Yours truly,
Li Jie

2. Sample:

Human Resources Department, HP Corporation

Dear sir or madam,

The position that your company advertised arouses my interest a great deal. I believe that I am well qualified for the position as the secretary of the general manager.

I graduated from Beijing Technical College two years ago with Business Administration as my major. I had good performance in every course, especially in shorthand and typing with 90 wpm and 70 wpm respectively.

As a 24-year-old girl, I am interested in working in a reputable company such as HP. I have enclosed my resume for your review and would appreciate an interview at your earliest convenience.

Thanks for considering my application and I am looking forward to your reply.

Yours faithfully,
Wang Fang

辞职信
(Letters of Resignation)

I. Translate the following blanks into English to complete the letter.

1. This letter is to notify you that I will be resigning my position with the company
2. find the job cannot meet my expectations
3. the salary is far from satisfying
4. I have never taken the responsibility of any challenging task
5. I apologize in advance for any inconvenience it might bring to you

II. Translate the underlined sentences in Sample 2 and Sample 3.

Sample 2:

1. 自2006年11月30日起,我将辞去销售经理一职。
2. 近来发生的种种情况,与我个人的价值观不符,这迫使我改换工作。
3. 谢谢您给了我在漂亮购物中心工作和学习的机会。

Sample 3:

1. 请接受我辞去市场部经理的职务。
2. 我很遗憾离开公司。
3. 向大家致以我最美好的祝愿。

III. Writing Practice

1. Sample:

Dear Mr. Li Ming,

I regret very much to have to submit my resignation as an account of our company, effective May 22, 2008.

I have always dreamed of going abroad to pursuit my study. And now I have a chance to study in the University of Massachusetts which I cherish very much.

It has been a pleasure to work with you and I have gained valuable experience which will be useful to me in future.

Sincerely yours,

Zhang Ling

2. Sample:

Dear Mr. Smith,

I regret to inform you that I wish to give you two weeks' notice of my resignation from the company.

I have worked in the Sales Department as a salesman for six years, and I have been satisfied with this position. However, a friend of mine introduced me to Goldlion Company, and I have decided to accept a post that will give me greater possibilities for promotion and an increase in my salary.

Thank you for giving me a chance to learn the valuable experience in your company.

Yours faithfully,

Li Ming

推荐信
(Letters of Recommendation)

I. Translate the following blanks into English to complete the letter.

1. It is with great pleasure that I write to recommend my student Miss Zhang Ling to you
2. I have found her to be a bright, diligent and affable young woman
3. helped not only herself, but also others around her
4. I enthusiastically recommend her for admission to your university
5. If I can be of any further help

II. Translate the underlined sentences in Sample 2 and Sample 3.

Sample 2:

1. 持信人约翰·史密斯是我见过的广告业中最聪明的人之一。
2. 史密斯先生有着非同一般的综合素质。
3. 如果还需要更详尽的信息，请与我联系。

Sample 3:

1. 我很高兴向您推荐科特妮·亚历山大。
2. 在那时，我就发现她是一位聪明、勤奋、和蔼可亲的女士。
3. 如果您还想了解科特妮的有关信息，请尽管与我联系。

III. Writing Practice

1. Sample:

April 2, 2004
Manager of Human Resources
The Youth Travel Agency
Shanghai, 200000

Dear Sir or Madam,
I take pleasure in recommending the bearer of this letter, Miss Tracy Lee, a former student of mine, to your travel agency.
Miss Tracy Lee will graduate from Shanghai Institute of Tourism this fall, finishing her three-year study of tourism management. During her college study, I taught her two courses, both of which she studied well. I am quite sure her college study has equipped her with a profound professional knowledge about tourism and laid a solid foundation for her future study and work.
As far as I know, Miss Tracy Lee always distinguishes herself from others with her diligent, cooperative and cheerful character. Therefore, it is my belief that she is a gold mine to whoever employs her.
Your favorable consideration of her application for the job would be most appreciated.

Yours sincerely,
Li Ming
Prof. of the Department of Tourism Management

2. Sample:

Dear Prof. Smith,

It is with great pleasure that I take this opportunity to introduce to you Mr. Li Ming, my former colleague.

Mr. Li Ming graduated from the English Department of Dongnan University in 2003. After graduation, he began to teach in our college. He has great capacity to do research work and shows much promise of a college teacher. Being cheerful and reliable, Mr. Li is very popular among the teachers and the students. He is one of my most outstanding colleagues.

I'll be very grateful if you could accept him as your graduate student.

Yours sincerely,
Wang Lin
Dean of English Department

Unit 4

介绍信
(Letters of Introduction)

I. Translate the following blanks into English to complete the letter.

1. I am very glad to have this opportunity to write to you to introduce
2. this seems to be a perfect opportunity
3. he needs your help
4. You'll be good friends soon
5. It would be appreciated if you can give him some help

II. Translate the underlined sentences in Sample 2 and Sample 3.

Sample 2:

1. 现向您介绍我们新的市场专员弗兰克·琼斯先生，他将因公务在四月五日到四月中旬期间在伦敦停留。
2. 我们将非常感谢您向琼斯先生提供的任何帮助。

Sample 3:

1. 借此信，谨向你介绍持信人李莉女士。
2. 我相信你会很高兴会见她。
3. 你若能为她提供指点和帮助，我将不胜感激。

III. Writing Practice

1. Sample:

March 1, 2008

Dear Li Ming,

I am pleased to introduce to you Zhang Xin, a student in the Department of Tourism, who is writing his thesis paper. He is in urgent need of some reference books. I'll appreciate it if you can lend him some reference books.

With best regards to you and your family.

Yours sincerely,

Wang Fang

2. Sample:

Dear Anna,
I want to take this opportunity to introduce my friend Peter to you. He will be joining our project team shortly. He is a person of efficiency and responsibility and I have no doubt you will find a good partner in him.
I would appreciate it if you could lend him some help while he is in our team.
Sincerely yours,
Henry

感谢信
(Letters of Thanks)

I. Translate the following blanks into English to complete the letter.

1. the New Year gift you sent to me
2. This is one of the best gifts I have ever received
3. take this opportunity to express my great appreciation for your timely help and assistance
4. which will be impressed on me forever
5. a happy New Year

II. Translate the underlined sentences in Sample 2 and Sample 3.

Sample 2:

1. 首先允许我对你们大家说声"谢谢"！
2. 感谢你们来看我。
3. 再一次对你们大家表示感谢！

Sample 3:

1. 感谢你能够来机场送我。
2. 让我度过一个愉快、舒适的旅途。
3. 再一次感谢，我会再写信的。

III. Writing Practice

1. Sample:

Dear Mr. Johns,

I am writing to express my thanks to you again for your hospitality at the dinner last night. The food was wonderful and I enjoyed every minute of the evening.

I highly value our long-established business relationship with your company and look forward to increasing our business in the coming years.

I hope we can meet in the near future.

Yours faithfully,

Li Ming

2. Sample:

Dear Li Ying,

I want to thank you for the beautiful roses you sent to my mother. She was very happy when she saw they were from you.

I 'm glad to say she is recovering, and she will soon be able to leave the hospital.

We both send you our warmest thanks for the flowers and your kind wishes.

Sincerely,

Zhang Ling

道歉信
(Letters of Apology)

I. Translate the following blanks into English to complete the letter.

1. Sorry for not writing back on time
2. I am busy writing
3. I really hope I can go with you
4. I am afraid I cannot go
5. Anyway, thanks for your invitation and enjoy yourself

II. Translate the underlined sentences in Sample 2 and Sample 3.

Sample 2:

1. 没能及时还给你书，我深感抱歉。
2. 我希望能够再多借一段时间。
3. 希望你能够原谅我没有早点还书。

Sample 3:

1. 很抱歉我昨天没有去。
2. 我对此深表歉意。
3. 请接受我诚心的道歉。

III. Wring Practice

1. Sample:

Scott Company
March 21, 2009

Dear Sirs,

We have received your letter on March 20, 2009. Thank you for your order for 100 computers. But we are very sorry that we have not so many in stock for the time being. We have already ordered for them from the manufacturer and they will be available early next month. Then we'll inform you timely. We sincerely hope that you'll accept our apology and keep in touch with us.

Yours faithfully,
John Cooper
Sales Manager

2. Sample:

Dear Zhang Ling,

I am writing this letter to apologize for the damage I caused to your VCD collection. I know you lent me these VCDs with the expectation that I would return them in the same condition, but I failed. I have contacted some music centers in order to obtain your VCDs. I promise I will reimburse you.

I feel so sorry for damaging your VCDs. Your friendhip is very important to me and I hope this doesn't affect our friendship.

Sincerely yours,
Li Na

祝贺信及回复
(Letters of Congratulations and Their Replies)

I. Translate the following blanks into English to complete the letter.

1. allow me to show congratulations

2. are delighted to hear the news
3. our very best wishes
4. celebrate your advancement
5. Again, congratulations to you

II. Translate the underlined sentences in Sample 2 and Sample 3.

Sample 2:
1. 你的结婚卡片让我分享到你们结婚的快乐。
2. 我向你表示祝贺。
3. 请接受我祝愿你婚姻幸福的小礼物。

Sample 3:
1. 我们很高兴地得知你通过了大学的入学考试。
2. 请接受我们在这个美好时刻的祝愿。
3. 期待你在大学取得更大的成绩。

III. Writing Practice

1. Sample 1:

1 March, 2008

Dear Mr. Li Tao,

I am writing to convey my warm congratulations on your appointment to the President of Pujiang University.

I really believe that you deserve the position after more than twenty years of service and experience you had in administrating the international education service.

I wish everything will be going well with you.

Yours sincerely,
Zhang Ling

Sample 2:

Dear Zhang Ling,

Thank you very much for your note of congratulations on my appointment to the President of Pujiang University.

It was good of you to take the time and trouble to write, and I sincerely appreciate your kindness.

Yours respectfully,
Li Tao

2. Sample:

Dear Li Ming,

I was very pleased to learn from our teacher Mr. Wang that you had been promoted to the position of Manager of Sales Department in a big import and export company. It has been only one year since we graduated from college. You have made such great progress. You are really our model of excellence.

I, together with the rest of our classmates, would very much like to meet you and congradulate you personally though I realize you are vey busy with your new duties. We are planning to hold a get-together next Sunday. Be sure to come.

We are looking forward to the happy day.

Yours,

Liu Hong

Unit 8

慰问信
(Letters of Consolation)

I. Translate the following blanks into English to complete the letter.

1. The news of your accident just reached me this morning
2. I was greatly shocked to learn
3. I'm coming to see you on Sunday
4. We hope the small thing will interest you
5. With every good wishes for your swift recovery

II. Translate the underlined sentences in Sample 2 and Sample 3.

Sample 2:

1. 我们非常震惊地得知
2. 我们公司对受灾群众表示深切的同情
3. 我们的心和你们同在。

Sample 3:

1. 我非常吃惊地得知
2. 在期末考试中,你脱颖而出。
3. 我希望你不要太在意,要继续努力。

III. Writing Practice

1. Sample:

June 6

Dear Zhou Yu,

I cannot tell you how sorry I felt when I was informed of your illness. You must take good care of yourself. Everybody in our department misses you and we all hope you will get well soon. If I can do anything for you, please don't hesitate to contact me.

Please accept my sympathy and best wishes.

Love,

Wang Fang

2. Sample:

Dear Tom,

I was sorry to hear of your unemployment. I quite understand how you feel now, for I had been through the same experience before.

Believe me, the misfortune is not your own fault, but only because of the economic depression. Don't be discouraged by it. Your present embarrassment is only temporary.

I shall call on you this weekend and let us go out together.

Sincerely yours,

Jim

邀请信及回复
(Letters of Invitation and Their Replies)

I. Translate the following blanks into English to complete the letter.

1. We are pleased to hear that
2. We are writing to invite you
3. we all would feel much honored if you could come to give the speech
4. please inform us in advance
5. We would be looking forward to your coming with great pleasure

II. Translate the underlined sentences in Sample 2 and Sample 3.

Sample 2:

1. 特邀请您参加我们的毕业聚会
2. 也欢迎你的父母和朋友。
3. 真心希望你能够参加。

Sample 3:

谨定于1月18日(星期五)晚7时在建国路120号402室举行晚宴。恭请张华先生和夫人光临。

III. Writing Practice

1:Sample1:

June 25, 2009
Dear Jane,
How are you getting along? The summer vacation is approaching. I'd like to invite you to come to Beijing for the summer vocation. I will accompany you to visit many scenic spots in Beijing, such as the Great Wall, the Imperial Palace, the Summer Palace and so on. I wonder if you are interested in my plan. Please let me know whether you will come or not.
I look forward to your early reply.
Yours truly,
Zhang Ling

Sample 2:

June 30, 2009
Dear Zhang Ling,
Thank you for your kind invitation. I'm willing to spend my summer vocation with you in Beijing. I have decided to go to Beijing in the early July. I can't wait for that moment.
Thanks a lot and best wishes for you.
Yours faithfully,
Jane

2. Sample:

Dear Li Na,
I've just heard that you are going to visit our city. While you are here, why don't you come and stay with us for a few days or longer?

Luckily, I will be on holiday when you are in our city, so I could show you around. You will be greatly surprised at so many changes that have taken place here ever since you visited the city last time.

I'm really looking forward to seeing you again. Do write soon and say when you can come.

Yours,
Zhang Ling

投诉信及回复
(Letters of Complaint and Their Replies)

I. Translate the following blanks into English to complete the letter.

1. I am writing to inform you
2. there is something wrong with the refrigerator
3. This problem has affected our normal life
4. whether or not you can send a repairman as soon as possible
5. I hope that my problem will get your due attention

II. Translate the underlined sentences in Sample 2 and Sample 3.

Sample 2:

1. 我是因为一台洗衣机而写信的
2. 让我尤其气恼的是整整一周没有人来修理我的洗衣机。
3. 我希望能够退回洗衣机,并拿到全额退款。

Sample 3:

1. 我写信来是告诉您下学期我想搬到一个新房间。
2. 在这种情况下,我很难专心学习,现在我的成绩已经下降了。
3. 如果您能帮我安排一个单独的房间,最好不要在目前这个楼里,我将万分感谢。

III. Writing Practice

1. Sample 1:

Dear Sir or Madam,

I am writing this letter to complain about a camera which I bought in your shop last month when I was in Guangzhou on business.

I took some pictures there with the camera. But when I got home and had the film developed, I found no pictures printed at all. I am very upset about it. I have already sent the camera back to you by post and strongly insist that you refund me as soon as possible.

It would be highly appreciated if you give due attention to this matter.

Yours faithfully,

Wang Fang

Sample 2:

Dear Wang Fang,

We are sorry to learn from your letter of Dec. 23 that something is wrong with the camera you have bought in our shop. I assure you that we will refund you shortly.

We ask you to accept our apologies for the trouble and inconvenience this has caused you.

Yours faithfully,

Li Ming

Sales Manager

2. Sample:

Dear Sir,

I'm writing to make a complaint about the quality of your commodity.

Last month, I bought an overcoat in your shop which cost me 1,500 *yuan*. But after I washed it , I found it faded a lot. I can't wear it any more.

I understand yours is a famous department, so I write to you in the hope to settle my case. That is, I need a complete refund.

Hope to hear from you soon.

Sincerely yours,

Li Yang

建议信
(Letters of Suggestions)

I. Translate the following blanks into English to complete the letter.

1. You are going to have the exam
2. I am sure you will do well
3. I would like to give you some practical suggestions

4. I hope you will find these suggestions helpful
5. Wish you a success

II. Translate the underlined sentences in Sample 2 and Sample 3.

Sample 2:

1. 首先是我对2008年北京奥运会准备工作的一些建议。
2. 最后但并非最不重要，我希望能成为一名志愿者。
3. 期望您早日回复。

Sample 3:

1. 我想给你一些建议。
2. 为了充分地做好考试准备，首先你要扩大词汇量。
3. 期待你的成功。

III. Writing Practice

1. Sample:

Dear Mary,

Glad to hear from you. You have made a right decision to travel in my hometown, Sichuan, because it is a place with picturesque scenery.

Self tour is always my favorite, too, as it gives me more freedom to choose the beauty spots and arrange the tour. To you, a camping lover, I highly recommend the Ice Mountain in Songpan County. First, you can directly go there by bus from Chengdu or Mianyang. The accommodation in Songpan is very convenient since there are quite a lot of private hotels with clean rooms at low prices. Then you can hire a guide who will prepare a horse, a tent and some other things for you. After that, you will visit the beautiful scenery on horseback by following the guide during the day and enjoy camping at night. My journey there last July has really brought me great pleasure and unforgettable memory.

Wish you a happy tour.

Yours ever,

Li Ming

2. Sample:

Dear Sandy,

I got your letter and I was sorry to hear your problems. I have some advice for you and hope it can help.

Firstly, you should try to tell your parents what you want to do. Tell them you want to be a doctor in the future. Then you should promise them you will work hard from

now on so that you can get a good job in the future.
Secondly, you should tell your teachers the problems you have and see if they can help you. They will tell you whether the major is suitable for you or not.
Hope my advice can help you. Good luck! If you have any other problems, you can write to me again. I'll try my best to help you.
Yours,
Zhang Ling

询问信
(Letters of Inquiry)

I. Translate the following blanks into English to complete the letter.

1. I've heard that you are going to have an optional course
2. I would be forever grateful if you could send me the following information
3. When will the course start? How long will it last
4. I hope I can take the course
5. I look forward to your reply

II. Translate the underlined sentences in Sample 2 and Sample 3.

Sample 2:
1. 我们对贵公司的……很感兴趣。
2. 您是否能把贵公司产品的价格及售后服务的有关信息发给我们?
3. 我们期待能尽快收到您的回信。

Sample 3:
1. 我们得知贵公司出口各种鞋子。
2. 贵方的产品价格适中,在本地市场前景看好。
3. 请贵方在回复时说明付款条件以及贵方根据购买数量可允许的折扣。

III. Writing Practice

1. Sample:

The Reservation Officer
China Airways
Dear Sirs,
Please send me information concerning flights from Beijing to New York, including frequency of flights, time of departure and arrival and the cost of single and

return fares.

I am particularly interested in facilities for travel at reduced fares.

Yours faithfully,

Wang Fang

2. Sample:

Dear Sir,

I'm writing to ask you to write an appraisal for the applicant, Mr. Wang Li, who graduated from your college in 2001, because we are going to promote him to a very important position.

Please specify the professional or other capacities in which you've known the applicant, including his personality, social ability and expressive ability, etc. Your appraisal will be very important.

Thank you for your assistance. We are looking forward to your early reply.

电子邮件
(E-mail)

练习 (Exercises)

1. Sample:

Sample

To: Reservation Office
Email Address: groupsales@sina.com.cn
From: Wang Fang
Subject: Room Reservation
Date: March 1, 2008

Dear sir or Madam,

I would like to book one single room with bath room, and three double rooms with bathroom from March 12, to 16, 2008. I also want to rent a meeting room for business negotiation on the afternoon of March 15. Please let me know whether there is any vacancy, what the hotel rate is, and whether I need to pay a deposit.

I am looking forward to your early reply.

Sincerely yours,

Wang Fang

2. Sample:

From: chenchen@yahoo.com
To: zhangzhang@fudan.edu
Subject: Life in U.S.
Dear Zhang Zhang,
I have been in the States for a month. Life here is interesting, only except that I have to struggle with the American food which I am afraid I can never get accustomed to. I miss everyone and everything in Shanghai. Write to me via e-mail and tell me what is happening in our school.
Best wishes,
Chen Chen

传真
(Faxes)

练习（Exercises）

1. Sample:

To: Wang Li, 20# Rose Road, Ningbo Fax: 34009322
From: Rong Fei, Assistant Manager, Fax: 62300889
Nanjing Toy Company,
100# Jinling Road, Nanjing
Date: September 1st, 2003 Page(s): 1
Dear Miss Wang Li,

About the preparation for the meeting

As next Wednesday's meeting is very important to us, we want to know how the preparations for this meeting are coming along. Please inform us of the latest developments as soon as possible.

Yours Sincerely,
Rong Fei

2. Sample:

Date: March 3, 2004
To: Lin Dan, English Department of Shanghai Foreign Language University
From: Richard Smith, England Education and Art College
Subject: Your arrival
Number of pages including cover sheet: 2. Please call me if the fax is illegible. Thank you.
Dear Lin Dan,
Thank you for your letter of February 25, 2004. I understand your problem. An April or May arrival is fine. Please keep me informed.
Best wishes.
Yours sincerely,
Richard Smith
Dean of England Education and Art College

个人简历
(Resumes)

I. Translate the following resume into Chinese.

履历表

赵云
广州淘金路 8888 号 8888 房
510095
电话:8888888888888
个人信息:
出生日期:1970 年 4 月 23 日　　身高:178 厘米　　体重:60 公斤
出生地:云南　　婚姻状况:未婚

工作目标:
在中美合资企业担任人事管理的职务,能够把自己的工作经验及学历运用到工作中去。

同工作目标相关的经历:
自 1992 年 8 月至今任万宝电器集团公司人事经理。工作职责包括:进行工资调查、确立工资等级及每级加升率、制定工作评估计划、印制征求意见表和申请表等、招聘新员工、提出并修改培训计划、制定并执行有关提高和发挥职员工作能力的计划。

学历：

自1990年9月至1992年7月在广东省经济管理干部学院主修人事管理专业。

特别技能：

英语流利(读/写/说)。

熟悉IBM-PC(0520)微型计算机的操作。

证明人：

需要即寄。

II. Translate the following resume into English.

Resume

Objective: To obtain the position of manager in financial management at a Sino-foreign joint venture.

Name: Yang Guang

Age: 31

Marital Status: Single

Sex: Male

Birth Place: Shanghai

Health: Excellent

Address: Apt. 803, 23 Jiefang Road Shanghai 216000

Tel: 64656397

ID Card No.: 440101607310231

Experience

2001—Present Shanghai Finance Bureau. Responsibilities include allotment audit, project budgeting, variance analysis ,credit approval, management of bank balances and short-term money management.

Education

BS in Finance , Central Financial and Monetary College

Curriculums included:

Management Science, Business Economics, Financial Management, Statistics, Monetary Management, Principles of Accounting, Auditorial Science, Banking Laws, Financial Accounting, Accounting Computerization, Financial Rules, Foreign Accounting

English Proficiency

College English Test-Band Four

References available upon request.

III. Writing Practice

1. Sample:

Resume

Name: John Smith
Present Address: 506 High Street
Los Angeles, California, U.S.A.
Tel No: 101-818-4575911 **Fax No: 101-818-4575912**
Date of Birth: April 9th, 1964 **Place of Birth:** New York
Nationality: American **Marital Status:** Married, 1 daughter
Education:
1970—1978; Walshall Elementary School, N. Y.
1978—1982: Lincoln High Sch001, Los Angeles
1982—1986: Law School, University of California

Foreign Language: I had been studying French for four years at college. Now I have excellent reading ability. I am good at translation and can talk with others in French fluently.

Work Experience:
1986—1988, Teaching Assistant, University of California
1988—present, Lecturer, University of California

Job Objective: a lawyer

Reasons: I have been longing to work as a lawyer, because the work is not only interesting but also provides me with more chances to improve my ability. Besides, the salary is very attractive.

2. Sample:

RESUME

LI MING
203 APT 32 ALLEY 1324 NANJING RD (E)
SHANGHAI 200020, PRC
E-MAIL ADDRESS: Liming@sohu.com

OBJECTIVE:
Seeking admission to graduate program of law

PERSONAL DATA:
Date of Birth: 8/21/1980 Sex: male
Marital Status: unmarried Health: good

EDUCATION:

1999—present	Fudan University	Major in law
1996—1999	No.1 High School	

QUALIFICATIONS:

University graduation certificate and bachelor's degree to be conferred upon graduation (2003)

College English Test Level 6 (Oct. 2002)

HONORS:

First prize winner of department speech contest (Oct. 2002)

University scholarship for excellent students (2001, 2002)

EXPERIENCE:

2001—present	President of Students' Union
2000—2001	Editor of University Journal

SPECIAL SKILLS:

Good at public speech and debate

Proficient in English (fluent speaking and writing)

Expertise on commercial law

Good command of Word & Excel software

References available upon request.

Chapter IV

表格 (Forms)

I. Translate the following form into Chinese.

订阅单

(请用正体大写字母书写)

订阅《泰晤士报》一年,自 2007 年 1 月刊开始。

姓名:奈尔斯·帕尔默

地址:美利坚合众国密歇根州底特律天鹅大街 421 号

随函寄上订阅费 7.60 美元,请查收。

II. Translate the following schedule into English.

Schedule for Prof. Wang

May 12th, 2006

8: 30	Pick-up at Xiyuan Hotel by the driver
9: 00	Meeting at Room 206 of the Teaching Building
11: 00	Campus Tour
12: 00	Lunch
13: 00	Tour of the Summer Palace
18: 00	Back to Xiyuan Hotel for dinner

May 13th, 2006

9: 00	Check-out at Xiyuan Hotel
10: 00	To the Capital Airport (T3)

III. Writing Practice

1. (略)
2. Sample:

China International Wood and Wood Products Trade Conference

Schedule

August 13, 2006

Registration	All Day, Major Hall of Home Hotel

August 14, 2006

09: 00—09: 30	Opening Ceremony Conference Hall on the second floor of Home Hotel
09: 30—17: 30	China Wood Industry Summit Conference Hall on the second floor of Home Hotel

August 15, 2006

09: 00—11: 00	Business Talking and Exhibiting Conference Hall on the second floor of Home Hotel
14: 00	Visiting wood factories and market around Guangzhou City

其他日常应用文写作
(Writings for Daily Use)

通知、海报与启事
(Notices, Posters and Announcements)

1. 通知 (Notices)

I. Translate the following notice into Chinese.

通　知

上周参加献血的同学请于本周三(6 月 5 日) 8: 30—4: 30 到学校医务室领取献血证。

外语系

II. Translate the following notice into English.

Notice

The English Department takes pleasure in announcing that English Corner is to be held in Room 215 Building 3 on Friday, May 11, at 7:00 p.m. The program includes songs, story-telling, plays and free talk. Foreign teacher Frank will attend and conduct the activities then. All the students that are interested are welcome.

English Department

May 8, 2006

III. Writing Practice

1. Sample:

July 19, 2007

Dear Ms Mary Clinton,

It is a great pleasure to inform you that approved by the board of directors of the company, the Personnel Department has decided to admit you to the position of Director of the Sales Department.

Please come to the Personnel Department for registration upon receipt of this notice.

Personnel Department

2. Sample:

NOTICE

All professors and associate professors are requested to meet in the college conference room on Saturday, April 18, at 2:00 p. m. to discuss questions concerning international academic exchanges.

College Office

April 12, 2005

2. 海报 (Posters)

I. Translate the following poster into Chinese.

好消息

夏季清仓处理

本店陈列商品一律八折出售。请顾客们仔细看货,认真挑选。商品付款出门后不退不换,特此预先声明。如蒙惠顾,无比欢迎。

贝森纳购物服务中心

II. Translate the following poster into English.

Christmas Party

Do you want to experience a special Christmas Eve?

Do you want to get a present from Santa Claus' fancy package?

Come and share the joyful occasion!

SPONSOR: Students' Union

TIME: Sun. Dec. 24, 7:00—11:00 p.m.

PLACE: Multifunction Hall of the Library

III. Writing Practice

1. Sample:

Poster

Sponsored by the Students' Union

Green Tea

Time: 7:00 p.m. Fri. 25 September

Place: Multifunction Hall of the Library

Admission Free

All Are Warmly Welcome

2. Sample:

Ball for Beijing Olympic Games to Be Held

Everybody

Hello, Beijing Olympic Games

Just for you

Time: 7:00 p. m., Saturday, Aug. 2nd, 2008

Place: The Teaching and Administrative Staff Club

Admission free

Students' Union

July 19th, 2008

3. 启事（Announcements）

I. Translate the following announcement into Chinese.

寻物启事

5月12日在操场不慎丢失一件领子上带有拉链的绿色夹克衫，请捡到者与9号宿舍203室Krutch联系。

II. Translate the following announcement into English.

Found

An mp4 was found at the entrance to the Dahua Cinema on the evening of February 6th. Will the owner please contact the manager of Dahua Cinema?

III. Writing Practice

1. Sample:

Lost

I lost my wallet on my way to school this morning. Inside there is some money, an IP card and a monthly ticket. Will the finder please send it to No. 11 Middle School or telephone me? My name is Zhang Xin, and my telephone number is 669745. Thanks.

2. Sample:

An English Editor Wanted

Our school newspaper is looking for an editor for its English edition. The job mainly includes two parts. One is to choose proper English articles from other newspapers, magazines or the Internet for our students. The other is to pick out articles from those written by students in our school and edit them for use.

We hope that he/she could meet the following requirements. First, he/she is willing to devote some of his/her spare time to serving the others. Second, it's necessary for him/her to be good at both English and fine arts. Besides, the ability to use the computer is important.

Those who are interested in the job please get in touch with the Students' Union this week.

Students' Union

备忘录和电话记录
(Memos and Telephone Messages)

1. 备忘录 (Memos)

I. Translate the following memo into Chinese.

至:生物实验室负责人
自:生物系李阳
日期:2004 年 8 月 12 日
主题:显微镜

我是生物系的一名学生,为了更好地进行我们的实验,现在急需增加一部显微镜。我们的实验将于周五开始,请尽快将显微镜发给我们以便我们更好地准备实验。

II. Translate the following memo into English.

To: All staff
From: The Training Manager
Date: June 1, 2007
Subject: A Foreign Language Training Course

I was asked to organize a foreign language training course because of the large export order we received recently. It will start on June 19 and will last 2 weeks. Those who will deal with orders should attend this course.

III. Writing Practice

1. Sample:

MEMO

October 12, 2003

To: The Leader of Student Service Department

From: Wang Quan

Subject: Telephone

Dear Sir,

I would like to remind you that we are in demand of a telephone for each dormitory. As a university student, we need to deal with the increasing daily communications with teachers, friends and people outside the campus.

We need a telephone to get and send messages, which is important for us. Though most of us have mobile phones and e-mail addresses, a telephone in the dormitory is after all the most convenient and cheapest tool of communication. I hope that you will pay attention to this problem and solve it as soon as possible.

2. Sample:

To: All Staff

From: Bill Gates

Date: 7 December, 2002

Subject: Staff Reward

The profits of our company this month went up 10% compared with the same period last year, due to your hard work and long working hours. I would like to thank you for your long devoted service. A trip to Hawaii has been arranged next month as a prize. Enjoy!

2. 电话记录 (Telephone Messages)

I. Translate the following telephone message into Chinese.

电话留言

自:Pat

至:Jack

日期:周五

时间:下午 4 点

留言:今天的聚会取消了,改在周日下午 5 点。那天 4:30 Pat 会来这里找你。

记录人:Lisa

II. Translate the following telephone message into English.

TELEPHONE MESSAGE

FROM: Liu Xin

TO: Paul

DAY: Tuesday

TIME: 1: 45 p.m.

MESSAGE: Liu's cell phone was broken and her new number is 123123123. Please call her as soon as possible.

Signed: Laura

III. Writing Practice

1. Sample:

To: Mr. Smith

Name of caller: A Mr. Li from CCTV

Date: May 23

Time: 10:25 a.m.

Message: A Mr. Li from CCTV called while you were having a meeting. He wished to inform you that he will arrive in Shanghai as planned on May 25 at 2:00 p.m.

Action: Call him back for confirmation.

Signed: Zhang Dong

2. Sample:

FROM: Bob

TO: Mr. Lee

DAY: Thursday

TIME: 2: 30 p. m.

MESSAGE:

Bob of the Foreign Language Department of the University of Science and Engineering has just rung you up saying that he will be expecting you in his office at ten o'clock tomorrow morning. Please give him a ring if this time does not suit you.

Signed: Lin Li

便条
(Notes)

1. 请假条 (Ask for Leave note)

I. Translate the following notes into Chinese.

郝先生:

我得了重感冒,医生让我休息,特向您请假三天,如果您能批准我的申请我将不胜感激。

李阳

10月12日

II. Translate the following notes into English.

June 2

Mr. Manager,

I am going back to my hometown Chongqing for my sister's wedding ceremony from June 7th to 9th. So I have to ask for leaving for 3 days.

Your kind permission will be greatly appreciated.

Ding Li

III. Writing Practice

1. Sample:

Dear Tom,

I am going to take the BEC Test at 2 p.m. next Saturday, so I am afraid that I can't come to your picnic. Hope you have a good time.

Linda

2. Sample:

July 5th

Dear Susan,

My sister called me last night, and she said that my grandmother is dangerously ill. I beg to apply for seven days' leave from 16th to 21st, in order that I can see my beloved grandmother.

I should be much obliged if you would grant me my application. As regards the lessons to be missed during my absence, I will do my best to make up for them as soon as I get back from home.

Sincerely yours,

Lily

2. 留言条 (Messages)

I. Translate the following message into Chinese.

李老师：

请检查明天送我去机场的车是否落实好了，请您提醒司机一下，我之所以要确定一下，是因为太早不好叫出租车。不好意思又给您添麻烦了。再次感谢您一年来对我的关心。我很喜欢在这里教书，难忘和学生在一起的日子，我很可能会再回来的。另外留下一些英语书给贵校图书馆，希望对学生有用。

Lynne

2006 年 7 月 7 日

II. Translate the following message into English.

June 7th

Dear Mary,

This Saturday is my birthday. I am having a birthday party at home. I should be glad if you could come and join us at 7 p.m.

Rick

III. Writing Practice

1. Sample:

May 3

Dr. David,

We are to hold an English speech contest in Room 506, Building 2 at 2 p.m. on Friday, May 4. The contest would last about 3 hours. We would be very happy if you could be one of the judges.

Foreign Languages Dept.

2. Sample:

Nov. 5th

Mr. Green,

There was a telephone call for you at 2:15. It was from your old friend Mr. Caron. He said he had something urgent to tell you. He wanted you to phone him back as soon as you came back. Here is his telephone number, 88186888.

Smith

广告
(Advertisements)

I. Translate the following advertisement into Chinese.

中国日报社招聘

为壮大国际部团队，中国日报社现欲招聘双语体育编辑，我们提供优厚的薪水，免费食宿和7天带薪假期及一张回国探亲机票。

双语(英语和法语)体育编辑任职条件

熟练使用英语，英语、法语写作流畅；
非常熟悉体育知识，尤其是奥运会；
能坚持每天工作较长时间；
有良好的团队合作精神；
有较好的组织和管理能力。
工作时间：2008年4月至9月底
有意应聘者请将简历发至job@chinadaily.com.cn。

II. Translate the following advertisement into English.

Features Specifications: smart mobile phone, touch screen, support 8GB memory card
Screen: 3.5 inch TFT touch screen
Support blue tooth
Camera: 2 million pixels
Support audio player
Support video player
Game function
Support WAP, E-MAIL, GPRS

III. Writing Practice

1. Sample:

Ruyi Hotel
200 rooms
Two restaurants (24 h)
Swimming pool
Near downtown
58 Qinghe Road, Haidian District
Tel: 010 66666666
Fax: 010 66666666
Whether large groups or small, we are happy to help you.

2. Sample:

Apartment for Rent
Quiet (near Community Park)
12 Renmin Rd, 10th fl
95 sq ms, 2-bed, 1-bath, 1-living; parking space
5000 yuan/month (utilities not included)
Call 51243698, Ms. Li

参考文献
(References)

1. 张燕如、徐益,《应用英语写作》,北京:外语教学与研究出版社,2007。
2. 晨梅梅,《实用写作教程》,上海:上海外语教育出版社,2006。
3. 王君华,《英语写作简明教程》,上海:复旦大学出版社,2006。
4. 庞继贤,《实用英语写作》,北京:高等教育出版社,2005。
5. 李美、刁会耀,《英语写作中级教程》,北京:高等教育出版社,2006。
6. 张玉娟,《实用英语写作》,北京:外语教学与研究出版社,2007。
7. 蔡基刚、黄莺,《英语段落写作法——大学英语初级写作教程》,上海:复旦大学出版社,2005。
8. 刘春伟,《英语应试作文写作捷径》,北京:机械工业出版社,2007。
9. 石坚、帅培天,《英文写作——句子·段落·篇章》,成都:四川人民出版社,2006。
10. 陈红,《大学英语实用写作》,北京:清华大学出版社,2005。
11. 丁往道,《英语写作手册》,北京:外语教学与研究出版社,1997。
12. 段莉、马丽,《大学英语写作基础教程》,北京:国防工业出版社,2006。
13. 谢建国,《英语翻译》,北京:机械工业出版社,2005。
14. 蔡基刚,《英语十句作文法——大学英语中级写作教程》,上海:复旦大学出版社,2006。
15. 王蕾,《作文应试技巧》,天津:天津科技翻译公司,2002。
16. 赵丽,《交际英语写作》,北京:中国旅游出版社,2006。
17. 张道真,《实用英语语法》,北京:外语教学与研究出版社,1995。
18. 常红梅,《北京地区成人本科学士学位英语统一考试辅导》,北京:中国人民大学出版社,2007。
19. 郑树棠、周国强,《新视野英语教程》,北京:外语教学与研究出版社,2004。
20. 翁凤翔,《剑桥商务英语证书1级考试指导》,上海:上海交通大学出版社,2004。
21. 程爱民,《BEC写作指南》,海口:南方出版社,2000。
22. 李兰欣,《剑桥国际商务英语应试指导》,上海:复旦大学出版社,2003。
23. 刘月,《高等学校英语应用能力考试考点快讯B级》,北京:中国宇航出版社,2005。
24. 李蔚、孙文君,《高等学校英语应用能力考试A级考点快讯》,大连:大连理工大学出版社,2002。
25. 李防、王月会,《高等学校英语应用能力考试考点分析与强化训练B级》,北京:中国人民大学出版社,2007。
26.《高等学校英语应用能力考试应用文阅读与写作指南》编写组,《高等学校英语应用能力考试应用文阅读与写作指南》,北京:高等教育出版社,2005。
27. 何芳、郁震,《高等学校英语应用能力考试考点快讯A级》,北京:中国宇航出版社,2005。
28. 全国高等学校英语教学命题研究组编,《高等学校英语应用能力考试专项辅导练习高职高专英语阅读、翻译》,上海:学林出版社,2005。
29. 赵培,《高等学校英语应用能力考试》,北京:中国宇航出版社,2005。
30. Lisa Emerson, Jan McPherson. *Writing Guidelines for Education Students,* Wellington: The Dunmore Press, 1997.